그래도...
하나님밖에 없어요

이 책은 책값의 5%씩 적립되며, 일정 금액이 모이면 추후
은퇴하신 목회자님과 선교사님들을 섬기는 사역에 쓰일 예정입니다.

## 그래도... 하나님밖에 없어요

지은이 나길수
펴낸이 조현영
펴낸곳 산

초판 1쇄 인쇄 2022년 10월 1일
초판 1쇄 발행 2022년 10월 5일

출판신고 2021년 7월 26일 제 453-2021-000006호
31961 충청남도 서산시 해미면 용암휴암길 305
Tel 010-4963-5595  Email san-book@naver.com

ISBN 979-11-975878-4-9 03230

**www.facebook.com/san20210801**

# 그래도...
# 하나님밖에 없어요

삶이 흔들리는
당신을 위한 일상 묵상

only GOD

CAFE

나길수 지음

신

주님 안에서 동역자 된 나길수 목사님의 저서 『그래도 하나님밖에 없어요』가 출간되어 기쁨이 큽니다. 책은 저자의 인격이라고 합니다. 그런 점에서 이 책은 온화하고 따뜻한 목사님을 많이 닮았습니다. 나길수 목사님은 저와 함께 사랑의교회에서 목양 담당 교역자로 다년간 섬겼는데, 그 시절 동료 교역자들이 목사님을 묘사했던 한결같은 단어가 있습니다. '성실함'과 '따스함'입니다. 나길수 목사님은 주님의 몸 된 교회를 뜨겁게 사랑하고 한 영혼 한 영혼을 소중히 돌보아 예수님을 닮아가도록 하는 일에 진력(盡力)을 다하는 목양 일념의 목회자입니다.

목회자는 성도와 영적인 유무상통(有無相通)의 은혜를 누릴 때 깊은 감사가 있습니다. 이것은 목회자의 믿음이 성도의 삶에 그대로 투영되고, 성도의 마음이 목회자의 가슴에 온전히 스며들 때 오는 축복입니다. 나길수 목사님이

지난 10여 년간 혜성교회 성도들과 현장에서 나눈 은혜의 편지가 한 권의 책으로 묶여 숲속의 바람길처럼 세상사에 눌린 성도들의 숨통을 시원케 할 것을 그려보니 감사한 마음 가득합니다.

좋은 글은 읽은 후에는 복음을 사랑하고 사람을 사랑하는 기운으로 벅차게 되는데, 나길수 목사님의 『그래도 하나님밖에 없어요』가 그렇습니다. 책의 지면(紙面)마다 메마른 인생길을 촉촉하게 적셔주는 위로가 있어, 마음속에 채워진 온기를 전해주고 싶은 거룩한 충동을 느끼게 합니다. '선지자적 비판주의'가 군림하는 냉소적인 시대 속에서 '제사장적 책임감'으로 복음적인 위로와 신앙으로 살아갈 힘을 얻기를 원하는 모든 이에게 일독을 권합니다.

오정현 목사
사랑의교회 담임

책을 펼치는 순간 나길수 목사님을 만난 첫 순간의 모습
이 머리에 바로 떠올랐습니다. 신학대학원 1학년 같은 반
에서 만난 나 목사님은 그야말로 순수와 깨끗함의 대명
사였습니다. 세월의 실타래가 풀린 지도 벌써 27년 가까
이 흘렀는데, 글에 비친 목사님의 모습은 그때나 지금이
나 변함이 없습니다. 이 책은 문자로 이어진 하나의 문장
이 아니라 한 사람의 마음을 그대로 옮겨놓은 거울이라
할 수 있습니다. 책에 담긴 이야기마다 맑은 호수와 같아
서 목사님을 그대로 담아낼 뿐 아니라 분주하게 달려가는
우리의 삶을 깊이 들여다보게 합니다.

저자의 책을 읽다 보면, 자신도 모르게 고개를 끄덕이며
차분히 심호흡하고 있다는 것을 느끼게 될 것입니다. 한
마디마다 공감이 가기 때문이고, 어쩌면 조금은 다르게
살아가고 있는 자신을 발견하고 그렇게 살았으면 하는 마

음 때문이기도 할 것입니다. 이 책은 기독교인뿐 아니라 어떤 사람이 읽어도 삶에서 꼭 필요한 교훈으로 다가올 것입니다. 책을 넘길 때마다 타인을 배려하는 마음과 일상에 깃든 소박함이 얼마나 소중한지를 발견하게 될 것입니다. 하나님을 향한 마음을 품게 되면 모든 것을 사랑할 수 있다는 것도 깨닫게 될 것입니다. '책이 사람을 만든다'고 하지요. 이 책은 독자의 마음을 아름답게 빚어서 삶을 한층 더 행복하게 만들어 줄 것입니다.

류응렬 목사
와싱톤중앙장로교회 담임
고든콘웰신학대학원 객원교수

10월의 햇빛은 맑기도 해라

하나님의 은혜는 넓고 길어서

인생은 다 헤아릴 수 없다

사랑하는 아들을 귀하게 주신 주님

사무엘같이 순종하며 귀하게 자라서

주님의 귀한 종이 되기를 기도하며

오늘은 모의고사를 보는 날이다

사랑하는 아들 길수야

여호와를 마음속에 모시고

간절히 기도하며 시험 잘 보아라(1987)

2022년 3월, 어머니께서는 주님의 품에 안기셨습니다. 평생 기도해 주시고 사랑으로 돌봐주셨던 어머니께서 떠나시고 매일 그리움 속에서 살던 저는 어느 날 유품을 정리하던 중 35년 만에 세상에 드러난 빛바랜 작은 노트를 보며 깜짝 놀랐습니다. 어떤 마음을 가지고 아들을 대하셨는지, 얼마나 소중하고 귀하게 아끼셨는지... 이 글을 읽으며 한참이나 눈물을 흘렸습니다.

꿈 많은 10대 시절 불치병으로 사선(死線)을 넘나들던 어머니는 하나님께서 주신 기적 속에 병에서 치유되고 새 생명을 얻으셨습니다. 그래서인지 어머니는 어린 아들을 놓고 "하마터면 너는 세상에 태어날 수 없었던 사람이란다. 그렇기에 너는 꼭 목사가 되어 하나님을 전하고 주님의 교회를 섬기면 좋겠다..."라고 반복해 말씀하셨습니다. 이후 집에서는 매일 성경을 읽고 기도하며 가정예배를 드리고, 교회에서는 가장 모범적으로 행동하도록 가르치셨습니다. 훌륭한 목회자를 만들기 위한 어머니의 비공식적 목회자 양성 프로그램이 운영되었던 겁니다.

하나님의 은혜로 목회자로 세워지는 과정들을 한 계단씩 올라왔던 저는, 2012년 대전에 있는 혜성교회 담임목사로 부임하게 되었습니다. 처음 교회에 부임했을 때는 열정이 차고 넘쳐 '어떻게 하면 성도님들을 잘 섬길 수 있을까?'를 고민하며 하루하루 설렘으로 살았습니다. 그러면서 자연스럽게 시작한 일이 매일 새벽예배 후 교회 홈페이지에 글을 올리는 일이었습니다. 아마도 이런 시간을 통해 강단에서 하나님의 말씀을 선포하는 설교자와는 또 다른 모습으로 성도님들에게 따뜻하게 다가가 조곤조곤 이야기를 건네고 싶었나 봅니다.

요즘과 같은 때에 믿음으로 사는 것은 쉽지 않습니다. '얼마나 잘 살았는가?'라는 질문을 하기가 참 어렵습니다. 어려운 때에는 그저 하루를 살았다는 것만으로도 칭찬받을 자격이 있습니다. 그래서 저는 성도님들의 믿음생활 하루하루를 귀하게 여기며 삶을 격려하고 싶습니다. 간혹 어려운 일을 겪으시는 성도님들을 보면 이런 마음이 더욱 간절합니다.

저는 늘 생각나는 대로 많은 말로 위로하려고 하기보다는, 일단 공감하고 품으려고 합니다. 섣부른 권면보다는 그냥 듣습니다. 해답을 줄 수는 없으나, 들어주고 함께 울어주며 그냥 옆에 앉아 있을 수는 있기에... 그러나 잠시 후 격동의 시간이 지나면 조용히 숨겨놓은 말을 합니다. "그래도... 하나님밖에 없어요."

저는 이 책을 통해 삶이 흔들리는 모든 분에게 이 말을 꼭 전하고 싶습니다. "그래도... 하나님밖에 없어요." 아무리 억울하고 힘들어도, 무거운 삶의 현실 속에서도 다시금 하나님을 바라보실 수 있도록 말입니다. 이 책에 있는 작은 글들을 읽으며 '그렇지! 나는 아직 소망이 있지. 못나지 않았지. 살 수 있겠다'라는 마음을 가지실 수 있으면 좋겠습니다.

지난 10년간 모아놓은 글들이 드디어 '특별한 외출(外出)'을 하게 되었습니다. 이 특별한 외출을 허락하신 하나님께 진심으로 감사드립니다. 나아가 그 통로가 되어준 산 조현영 대표님, 기쁨으로 추천해 주신 사랑의교회 오정현 목사님과 와싱톤중앙장로교회 류응렬 목사님께 감사드립니다. 늘 함께 웃고 함께 울며 동행하는 우리 혜성교회 성도들, 사랑하는 아내와 가족들에게도 감사의 마음을 전합니다.

## 1부 당신의 삶을 축복합니다

## 2부 당신의 삶은 특별합니다

# 당신의 삶을 축복합니다

# 설레임

'설레임'이라는 아이스크림이 있습니다.
드셔보셨나요?

이 '설레임'에는
'설레인다'는 뉘앙스와 아이스크림이
미묘한 조화를 이루고 있습니다.

사실 저 같으면 '설레임'보다는
'차가움, 녹아내림, 다 녹았음,
진작 먹었어야 했음'이라고
명명했을 것 같습니다.

하지만 '설레임'을 만든 회사는
순간에 없어질 아이스크림에
시적인 운율을 담아 명명한 것 같습니다.

너무나 아쉽고, 너무나 맛있는...
그런 느낌을 이름에 잘 담았다고 생각합니다.

설레임...

저는 지금도 그렇고,
앞날에 대한 설레임이 늘 있습니다.

저의 뜻대로 되어도 감격스럽지만 요즘은...
저의 뜻과 달라지면 오히려 팔을 걷어붙이고
눈을 크게 뜨고 지켜봅니다.
마치 재미있는 장면이 나올 것처럼 말입니다.

저를 어련히 배려하실 하나님께서
또 어떤 기상천외한 시나리오를 갖고 일하실지
기대되기 때문입니다.

잘 모를 때에는
그것 때문에 불안하고 초조하며
두려움이 커져 마음이 참 힘듭니다.
워낙 모르는 일이 많은 세상이기 때문입니다.
하지만 그럴 때마다 '설레임'을 품어보세요.

잘 모르니까 궁금하고,
궁금하니까 기대가 되며,
더 좋은 일들을 꿈꿔보는 겁니다.
마치 눈을 감고 손을 벌리고 있으면
부모님께서 선물을 주시는 것처럼 말이죠.

혹시 최근에 나의 뜻대로 되지 않고
일이 엉뚱한 방향으로 진행되고 있다면,
설레임을 가져보세요.

📓🔍 설레-임*

[명사] 마음이 가라앉지 아니하고 들떠서 두근거림.

　　　또는 그런 느낌.

---

\*　　네이버 국어사전

# 선물과 같은 하루하루

누구나 선물을 받을 때는
무척이나 행복하고
감사한 마음을 갖습니다.
선물이 한 개만 있어도 좋은데,
만약 여러 개가 있다면
얼마나 황홀할까요?

이런 생각을 하면서...
달력에 나온 날짜 하나하나가
다 선물이라면 어떨까요?
온갖 화려한 포장을 한 날짜들이
뜯지 않은 채로
잔뜩 진열되어 있다면 말이죠.

아직 뜯지 않은 선물 박스 안에는
과연 어떤 사연, 어떤 행복, 어떤 기쁨이
기다리고 있을까요?
용수철처럼 바깥으로 튀어 오르며 쏟아질
다양한 선물들을 상상해 보세요.

반면, 어제까지 인생을 산 분들에게는 '오늘'이
그토록 바라던 선물을 받지 못한 것과 같습니다.
그렇게 바라던 선물을 미처 뜯어보지 못한 채,
아쉽게 마무리하셨다고 생각하면...
우리는 그런 선물을 이렇게 여전히 받고 있으니,
참으로 감사한 '오늘' 아닌가요?

오늘, 내일...
계속해서 선물을 뜯어보는 마음으로
하루하루 살아가 보자고요.

# 매일의 감사가 필요한 이유

우리는 하루를 보내고 나서
감사하는 것에는 서툰 것 같습니다.
오늘의 일들을 돌아보면서 미진한 부분,
아쉬운 부분, 후회되는 부분을 세어보느라고
밤을 새울 기세입니다.
또는 내일의 일들을 앞두고
극도의 불안과 우려의 한숨을 내쉬면서
밤을 새울 것 같습니다.
도무지 왜 그럴까요?

저는 중년의 인생을 살면서 점점 더
이런 부분에서는 자유함을 누리게 됩니다.
하나님이 주신 넉넉함이 생깁니다.
그리고 소박하고 단순해지는 것 같습니다.

저는 기질상 본래 가뜩이나 단순한데,
더 단순해집니다.
화려한 유채색이 아닌 흑백의 사진이
그나마 점점 더 빛이 바래서 희미해지는 것처럼.

이 험악한 세상에서,
이 어렵고 힘든 세상에서 하루를 용케 보냈다면
그것으로 우리는 위대한 작품을 남긴 예술가처럼
기뻐해야 합니다.
적지만 쓸 돈이 있었다는 것,
먹을 것이 있었고, 할 수 있는 일이 있었으며,
웃을 수 있었고, 여러 에피소드가 생겼다면 말입니다.

대단한 역작을 남기려고 몸부림을 치면서
늘 불안해서 사는 것은 옳지 않습니다.
아쉬움도 없고 불안함도 없는
그런 소박한 시골 밥상과 같은 저녁을

늘 보내고 싶습니다.
하루를 보낼 정도의 모든 것을
넉넉히 책임져주신 하나님께 감사하는 밤이
늘 이어졌으면 좋겠습니다.

일 대신 삶으로,
업적보다는 존재만으로,
이벤트보다는 일상만으로도
그냥 그렇게 편안하고
오붓한 시간을 보내고 싶습니다.
하나님께 먼저 감사의 기도를 드리고 나서
살짝 귀띔해 주고 싶습니다.

"너, 오늘 수고했다!"

감사 제목을 적어보세요.

1.
　　...........................................................................

　　...........................................................................

2.
　　...........................................................................

　　...........................................................................

3.
　　...........................................................................

　　...........................................................................

# 분복

저는 살면서 자꾸만 '분복(分福)'에 대해서
생각하게 됩니다.

날 때부터 부자로 태어나서
넉넉하게 아쉬움 없이 살다가
마지막까지 승승장구한 인생을 누리는 분들이 있습니다.
때로는 부모나 친구 등 주변의 든든한 스폰서들이
많이 있는 것 같기도 하고,
때로는 왠지 수고에 비해서 훨씬 더 많은 것을
누리는 것 같아 보이기도 합니다.
투자만 하면 대박이 나는 것 같은 인생들 말입니다.

반면, 날 때부터 정말 힘들게 시작해서
평생을 가까스로 사는데도

늘 아쉬운 인생이 있습니다.

도와줄 만한 사람도 전혀 없고,

워킹푸어(working poor)라는 말이 있듯이

아무리 노력해도 하는 일마다 잘 안 됩니다.

심지어 예수님을 믿는데도 그렇다면

이것을 어떻게 설명해야 할까요?


결국 '분복'이 있습니다.

개인의 자질과 노력 여하와 무관한 분복 말입니다.

고유한 컬러를 놓고 빨간, 파란, 노란 등

이런 식으로 명명하듯 분복이 있는데,

중요한 것은 빨간색 그릇, 노란색 그릇, 파란색 그릇에

하나님께서는 동일한 은혜를 주신다는 겁니다.

그릇의 모양이 다르듯

서로의 형편은 조금씩 다를 수 있습니다.

하지만 각각의 그릇에 채워주시는 하나님의 은혜는

늘 동일하고 공평하며 신실하십니다.

# 완곡어법

나이가 들면서 배워가는 것이 있습니다.
그것은 바로 '완곡어법(婉曲語法)'입니다.
이 어법은 불쾌하고 부정적인 것을 표현할 때
직접적으로 하지 않고,
부드러운 표현으로 바꿔서 사용하는 것인데
살다 보니 왜 필요한지 점차 수긍이 됩니다.

사실 이러한 어법은 정치인의 말처럼
이것도, 그렇다고 저것도 아니어서
답답하다고 비판을 하는 분들도 있습니다.
하지만 거칠고 험악한 세상을 살다 보니,
이러한 소프트 랜딩(soft landing) 방식의 말투가
필요한 것 같습니다.

예를 들어 당장 도움을 줄 수 없을 때
잠시 미루는 말,
또는 거절해야 하는 일들 앞에서
부드럽게 불가능하다고 해야 하는 말을
상대방이 서운해하지 않도록 하는 것이죠.

따뜻하고 인간미가 있게 최대한 꾸미지만,
그럼에도 상대방을 존중하고 지지하면서
진정성 있게 의견을 잘 전달하는 방식입니다.
때론 누가 보아도 어쩔 수 없는 일이지만
마음으로는 도와주고 싶다는 것이 전해져야 합니다.
비록 거절을 받았어도 마음만큼은 따뜻한,
이런 절묘한 존중감이 느껴질 수 있도록 말입니다.

그러나 완곡어법은 매우 쉽지 않은
고도의 테크닉입니다.

풍성한 감정이 있는 사람 앞에서
극히 정제되고 딱딱한 표정으로
단순한 말만 하는 로봇처럼 말하지 않고,
살아있는 인격체로서의 사람이
인격체로서의 사람에게 손을 잡으면서 말하듯
정말 잘 말해야 하기 때문입니다.

무수히 많은 허락과 거절 속에서
서로에게 이런 마음이 있다면 얼마나 좋을까요?

살면서 거절하지 못해
난처한 상황에 부닥친 경험이 있을 겁니다.
만약 같은 상황이 온다면,
어떻게 잘 거절할지 적어보세요.

........................................................................................

........................................................................................

........................................................................................

........................................................................................

........................................................................................

........................................................................................

........................................................................................

# 삶의 언덕

우리는 살면서 때로는 무척이나 부담되는 일을
하나씩 마칠 때가 있습니다.
전혀 할 수 없을 것 같았던 일들,
이제 와서 생각해 보면 어떻게 그렇게 잘 끝났는지
너무나도 신기한 일들이 있습니다.

사실 새롭게 어떤 일을 맡게 되거나
너무 어려운 일을 앞두고 있다면,
'과연 내가 이 일을 감당할 수 있을까?'에 대한
깊은 고민을 하게 됩니다.
마치 매우 비싼 음식점 앞에서 초라한 나의 지갑을 열어
돈이 얼마나 있는지를 몰래 세어보는 것처럼 말입니다.

그런데 신기한 것이 있습니다.
우리 하나님께서는 늘 그런 종류의 삶의 언덕을
우리가 살짝 뛰어넘을 수 있도록 도우신다는 것입니다.
우리는 삶의 언덕을 늘 부담과 긴장 속에서 맞이하지만,
끝나고 나면 여지없이 하나님의 도우심을 깨닫습니다.
그것은 하나님께서 우리를 불쌍히 보시기 때문입니다.

아마도 이러한 일들이 반복되면
우리의 믿음은 더욱 좋아질 것입니다.
삶의 언덕에서 늘 아슬아슬해 보이지만,
하나님께서 우리의 부족한 부분을
꼬박꼬박 채워주시니 말입니다.

아무 것도 염려하지 말고 다만 모든 일에 기도와 간구로,
너희 구할 것을 감사함으로 하나님께 아뢰라 _빌립보서 4:6

# 큰 기쁨, 영원한 행복

우리는 일상(日常)에서 번거로움, 애매함,
서운함, 복잡함, 염려, 부담스러운 일들과
늘 마주하게 됩니다.
그럴 때마다 우리는
영원한 아픔을 겪은 것처럼,
갑자기 침몰할 때가 많습니다.
'왜 이렇게 되었지? 이제 어떻게 하지?
내 인생이 이렇거나 초라하다니...'

이때 우리는 주저하지 말고
우리에게 이미 주어진 큰 기쁨을
다시금 꺼내야 합니다.
죄인인 우리가 절망 속에서 죄를 지으며

천박하고 허무한 인생을 평생 살다가
영원한 지옥 형벌을 받을 수밖에 없는 인생에서
존귀한 하나님의 자녀가 되어
죄와 사망의 법에서
생명과 평안의 풍성함을 누리게 된 것이
얼마나 기쁜지를 말입니다.

주머니에 있는 매우 값비싼 보석을 다시 꺼내
그 신비하고 영롱한 아름다움에 도취되는 것처럼,
오늘도 우리는 이런 하늘의 기쁨을 묵상해야 합니다.
그러면 세상에서 우리가 얼마나 부요한지,
얼마나 행복한지를 다시 깨닫게 될 것입니다.
우리의 삶에는 너무도 크고 웅장하며
절대적인 기쁨이 있습니다.
따라서 작은 일에 낙심하고
낙담하며 슬퍼할 수 없습니다.

# 내가 나에게...

축복의 말이 가득 담긴 편지를 적어보세요.

I to myself

## 2부

# 당신의 삶은 특별합니다

# 미완성 교향곡

우리는 16분 음표를 정교하게 찍으며
부지런히 뛰어가는 인생을 자랑합니다.
'더 빨리, 더 멀리, 더 많이'라는 말들은
발전의 동력이 되기도 하지만,
우리를 향해 재촉하는 채찍이 되기도 합니다.

그러나 인생의 악보에는 음표도 중요하지만,
쉼표가 더 중요한 것 같습니다.
대학 때 동아리 합창단을 지휘하던 선배는
악보에서 쉼표가 나올 때마다 그냥 쉬지 말고
쉼표도 연주라고 가르쳐주었습니다.

인생의 악보에도 쉼표가 있습니다.
무언가 일들이 제대로 진행되지 않는

막다른 골목이 반드시 있습니다.
시험에서 떨어지거나 누군가에게 상처받거나
극심한 고통을 경험할 수 있습니다.

이때 우리는 초조하고 당황하며
마음이 많이 상할 수 있지만,
이 쉼표의 시간은 잠시 멈추는 것뿐입니다.
쉼표 뒤에 곧바로 울려 퍼질
아름다운 멜로디를 기대하면서 말입니다.

인생의 악보에서 쉼표는 꼭 필요한 순간입니다.
나아가 인생의 여러 계획에 차질이 빚어질 때마다
지금은 악보가 더 아름답게 수정되고 있다고,
새로운 악보가 그려지고 있다고 생각하면 어떨까요?
수정될 곡, 새롭게 쓰일 곡이 더 좋은 곡이라는
가슴 벅찬 기대를 한 아름 품고 말입니다.

아직 악보가 다 그려지지 않은 인생,

미완성 교향곡(Unfinished Symphony)과 같은

인생을 산다는 것은...

어찌 보면 우리를 불안하게 만들 수도 있습니다.

하지만 다시 생각하면 우리를 자유롭고 편안하게,

나아가 여유롭게 만들 수도 있습니다.


미-완성(未完成)*

[명사] 아직 덜 됨.

---

\*　　네이버 국어사전

# 아기를 살린 어머니

2010년 여름,
신문에 짧은 기사가 났습니다.
뉴질랜드 원주민 마오리족 출신
여성 변호사 졸렌 파투아와 투이라베(33)가
유방암으로 세상을 떠났다는 기사입니다.[*]

그녀는 30세 생일날에 유방암 진단을 받고
힘든 치료 과정을 감당하며 암을 이겨내던 중
임신 사실을 알게 되었다고 합니다.
그러나 기쁨도 잠시
암이 재발했다는 진단을 받습니다.
담당 의사는 고민하면서 암 치료를 위해

---

[*]　n.news.naver.com/article/001/0003386754

아기를 포기해야 한다고 말했으나,
그녀는 본인의 치료를 거부하며
결국 출산을 하게 되고
10주 만에 숨을 거둡니다.

임신 뒤 암이 재발한 사실을 알고도
자신의 생명보다는 아기의 생명을 더 소중히 생각했던,
아기에게 자신의 생명을 송두리째 다 주고 떠난
그녀의 죽음이 저의 마음에 깊이 남습니다.
마치 한동안 심장이 멈춘 것처럼.

나중에 아기가 자라
자신의 생명이 어머니의 생명과
맞바꾼 생명임을 알게 되었을 때
어떤 마음이 들까요?
어머니의 죽음을 생각할 때
1분 1초가 너무나 귀하지 않을까요?

우리도 마찬가지입니다.

주님은 십자가에서 죽기까지 우리를 사랑하셨습니다.

우리를 위해, 나를 위해 십자가에서 돌아가신

하나님의 독생자 예수 그리스도를 생각하며

오늘 하루도 힘내어 귀하게 살아가길 소망합니다.

그리스도로 인해 당신의 삶은 특별합니다!

하나님이 세상을 이처럼 사랑하사

독생자를 주셨으니

이는 그를 믿는 자마다 멸망하지 않고

영생을 얻게 하려 하심이라

_요한복음 3:16

# 나보다 예쁜 사람들

백설공주 이야기를 보면,
왕비는 거울을 보면서 말합니다.
"거울아~ 거울아~ 이 세상에서 누가 제일 예쁘지?"
그러면서 자신이 세상에서 가장 예쁘다고 생각하고,
또 가장 예뻐야 한다는 강박 관념에 사로잡혀 있습니다.
그러다가 백설공주가 자기보다 더 예쁘다는 말을 듣자,
결국은 백설공주를 죽일 계획을 꾸밉니다.

저는 백설공주 이야기를 들으면서
사람이 어느 정도 예쁠 수는 있지만,
굳이 세상에서 가장 예뻐야 할까에 대해 생각해 봅니다.
너무 지나친 기대를 하는 왕비가 조금 이상하지 않나요?
그러나 이 이야기를 가만히 되짚어보면,
우리도 이러한 부분들이 있는 것 같습니다.

어느 부분에서 나보다 조금 더 나은 사람을 보았을 때,
시기하거나 질투하는 마음이 은근히 드는 것을 보면요.

우리는 살면서 어쩔 수 없이
나보다 뛰어난 사람들을 만나고
그들과 어울리게 됩니다.
돈, 지식, 명예, 사회적 지위, 가족, 재능...
그 어떤 분야에서든지 말이죠.
이때 우리는 주님 안에서 영적 자존감을 가지고
반드시 내가 최고여야 한다는 생각을 버리고
편하게 그들을 인정하고 칭찬하면 좋겠습니다.
"당신이 나보다 더 낫습니다."

오늘 하루 동안 만나는 사람들에게
진심을 담아 칭찬해 볼까요?

# 그래도 내 아들, 내 딸

"아들이 고등학생이면 4촌,
대학생이 되면 8촌, 연애하면 손님,
장가가면 장모 아들, 너무 똑똑하면 나라 아들,
백수 되면 나하고 살아서 내 아들이다."
이런 말을 들어보셨나요?

처음 아기가 태어났을 때는
그 고사리 같은 손가락을 만지작거리며
생명에 대한 경외감과
신비로움을 느끼던 날이 있었는데…
얼마나 사랑스러운지
부모는 자신이 못 먹고 큰 고생을 하더라도
아들과 딸에게는 늘 최고의 사랑을 주고 싶은 마음이
가득합니다.

그런데 막상 아이들을 키우다 보면
실제로는 그렇지 못합니다.
그 사랑스러운 아이가
무슨 잘못을 저지르고 고집을 부리면서
부모의 마음을 아프게 하고
아무도 도와주지 못하는
외딴길로 한없이 멀어져 갈 때
부모의 마음은 무너집니다.

그러면서 또 깨닫는 것은
사랑의 폭이 넓어지는지, 부모가 착해지는지,
결국은 그래도 내 아들이고 내 딸입니다.
공부를 잘하고 몸이 튼튼하며 착할 때만 내 자식이고
그렇지 못할 때는 남이라고 말할 수 없습니다.

우리 안에 '그래도 내 아들, 내 딸'이라는
마음이 많아지면 얼마나 좋을까요?

칭찬할 만한 일들뿐만 아니라
부끄러운 일들 앞에서도 '그래도 내 아들, 내 딸',
하나님이 운명적으로 짝을 지워주신
가족이라는 생각이 앞선다면 말입니다.
가족은 장점과 단점 모두를 감안해
패키지로 품어야 할 사람들입니다.

새 계명을 너희에게 주노니

서로 사랑하라

내가 너희를 사랑한 것 같이

너희도 서로 사랑하라

_요한복음 13:34

# 나이가 든다는 것

저는 어느덧 오십 대 중반을 넘게 되었습니다.
철없는 꼬마 시절, 초등학생, 중학생,
고등학생, 재수생, 대학생 시절이
어느덧 금방 다 지나가 버렸습니다.
어릴 적 꿈대로 목사도 되었고,
담임목사까지 되었습니다.
그러면서 결혼도 하고,
한 가정의 가장이 되어
오늘 여기까지 왔습니다.
그때에는 참 느렸는데,
지금 와보니 정말 빠른 것 같습니다.

흔히 인생은 자신의 나이만큼 속력을 낸다고 합니다.
10대의 나이에는 시속 10킬로미터로 달리고,

30대는 시속 30킬로미터, 60대는 시속 60킬로미터...
이런 식으로 인생의 흐름이 느껴진다고 합니다.
그러면서 지루한 날들이 어느새 아쉬운 날들로
날마다 바뀌어 갑니다.
저도 어느새 벌써 이런 것에 대해서
배워가는 것 같습니다.


나이가 들어가면서 변화가 있다면,
점점 더 멋있고 탁월한 사람들을
그냥 그대로 인정하게 된다는 것입니다.
아름다운 꽃을 아름답다고 하듯
예쁜 사람을 보면 참 예쁘다고 말하고,
똑똑한 사람을 보면 정말 훌륭하다고 박수를 쳐줍니다.
저보다 나은 사람들이 세상에 많다는 것에 대해
부러움이 가득했던 젊은 날은 다 사라지고
이제야 비로소 편안하게

남들을 치켜세울 수 있는 여유가 생겨납니다.
동시에 점점 더 모자라게 보이는 저를
이제는 넉넉한 품으로 안아주는 법도 배워갑니다.

오늘 하루 동안 고생한 나에게
따뜻하게 안아주고 칭찬해 볼까요?

# 영화 「봄, 눈」 이야기

2012년 봄에 개봉한
따뜻한 영화를 한 편 소개하고자 합니다.

영화 「봄, 눈」에는
부산 영도 부근을 배경으로
악착같이 열심히 사는
중년의 여인이 등장합니다.
무능한 남편과
이제는 장성하여 부모의 곁을 떠난,
하지만 여전히 철이 없는 자녀들을
뒷바라지하는 여인입니다.

어느 날, 야속하게도
이 여인은 시한부 판정을 받고

갑작스레 죽음을 준비하게 됩니다.
지나간 인생에 대한 서운함과
아쉬움을 드러낼 만도 한데...
이 여인은 그 누구도 원망하지 않습니다.
대신 죽음을 앞둔 절박하고 초조한 순간,
육체의 고통이 엄습하는 시간에도
늘 하던 대로 교회에서 예배를 드리고
꾸준히 성경을 읽고 쓰며
어김없이 하나님 앞에서 기도를 합니다.

뿐만 아니라 자신이 더 힘들면서도
남겨진 사람들을 위해 기도해 주고,
마음껏 사랑을 주면서
인생을 마무리하는 것으로
영화는 막을 내립니다.
영화가 마쳐질 때까지
병이 낫는 기적은 없었지만,

저는 그 믿음의 삶을 보며
충분한 기적을 볼 수 있었습니다.

기독교인이라고 해서 무적함대와 같이
승승장구만 하는 인생은 없습니다.
분명히 힘들 때가 있습니다.
그렇지만 우리가 세상 사람들과 다른 것은
그런 날이 있고 없고의 문제가 아니라
그런 날을 감당할 때 주님이 주시는
특별한 은혜가 있다는 점입니다.
이것은 우리만이 누릴 수 있는
특별한 축복입니다.

내가 궁핍하므로 말하는 것이 아니니라

어떠한 형편에든지 나는 자족하기를 배웠노니

나는 비천에 처할 줄도 알고 풍부에 처할 줄도 알아

모든 일 곧 배부름과 배고픔과 풍부와 궁핍에도

처할 줄 아는 일체의 비결을 배웠노라

내게 능력 주시는 자 안에서

내가 모든 것을 할 수 있느니라

_빌립보서 4:11~13

# 건전한 자아상

우리는 가끔 스스로 자신의 자아상을
흐트러뜨리는 경우들을 보게 됩니다.

첫 번째 케이스는
자기 자신을 너무 낮게만 보는 것입니다.
겸손은 좋은 것입니다.
하지만 자칫 겸손의 정거장을 지나치게 되면
극도의 자기 비하, 절망, 열등감의 정거장들을 만납니다.
'나는 왜 이렇게 못났을까,
가난할까, 무능할까, 재주가 없을까...'
이렇게 되면 날마다 끝없는 나락으로
곤두박질을 치는 인생이 됩니다.
얼마나 슬프고 불쌍합니까?

두 번째 케이스는

상대방을 의도적으로 낮게만 보는 것입니다.

다소 공격적인 태도로 남을 낮춰야

비로소 상대적으로 자기 자신을 높이는 것은

결코 좋지 않습니다.

이런 마음은 우리 안에 열등감, 비교의식,

눈치, 긴장, 초조함이 있다는 증거입니다.


하나님께서 우리 모두에게

건전한 자아상을 갖도록 은혜를 주시길 소원합니다.

우리가 누구를 만나더라도 상대방의 장점을 인정하고

칭찬할 수 있게 되면 좋겠습니다.


🔍 자아-상(自我像)*

[명사] 자신의 역할이나 존재에 대하여 가지는 생각.


---

\* 네이버 국어사전

# 내가 나에게...

특별한 사람인 이유(장점 등)를 적어보세요.

I to myself

# 3부

# 당신의 삶은 소중합니다

# 일탈을 꿈꾸는 이들에게

많은 사람이 가끔은 일탈(逸脫)을 꿈꿉니다.
특히 모범생으로 자란 사람일수록
진작하지 못했던 일탈을
늦게라도 하고 싶은 마음에
가끔씩 방황을 하고
방랑자와 같은 삶을 막연하게 꿈꿔보는
소망이 있다고 합니다.
교회 안에도 믿음으로 자란 젊은이들이
가끔은 이런 분출구를 찾아서 도피하려고 하는
경향이 있습니다.

그런데 세상의 모든 향락,
한두 번의 일탈은 무서운 것입니다.
일단 밖으로 나가면 돌아오기가 쉽지 않습니다.

중독되어 호기심과 유혹을

참을 수가 없는 것입니다.

그래서 또 일탈하게 되고, 그렇게 몇 번 하다 보면

이제는 가끔 일탈하는 것이 아니라

습관적인 일탈을 하다가

결국은 절벽 아래로 떨어지게 됩니다.


그래서 가끔씩 마음에 찾아드는 유혹들 앞에서

우리는 설사 그 일들을 통해

적당한 쾌락과 즐거움을 누렸다손 치더라도

다시 일상으로 복귀할 날이 반드시 올 것이기에

그날을 대비하는 마음으로라도

단호하게 자신을 보호해야 합니다.

더군다나 이 땅이 아니라

천국에서의 영원한 날들을 생각하는 우리로서는

복귀의 의미가 한층 더 진지하고 무겁습니다.

이 땅이 전부라면,

지금의 쾌락이 전부라면 상관없겠지만

다음 날이 옵니다.


우리는 늘 다음을 생각하면서

경건하고 신중하게 조심하며 살아야 합니다.

지금이 중요하지만 다음은 더 중요하기에,

지금 주의해야 합니다.

그래서 저는 일탈에 대해 주의하고

늘 하나님 곁에 있으려고 노력합니다.

제 삶과 사역을 위해서 긴장해야 하는 이유가

여기에 있습니다.


🔍 일탈(逸脫)*

[명사] 사회적인 규범으로부터 벗어나는 일.

　　　청소년 비행, 약물 남용, 성적(性的) 탈선 따위가 있다.

_____

* 　네이버 국어사전

# 헤어스타일

복학생 때입니다.
저는 아침마다 콧노래를 부르면서
멋을 내려고 머리에 무스와 젤을 바르곤 했죠.

그러던 어느 날!
탈모의 충격에 빠지게 되었습니다.
'아직은 멋을 좀 더 내야 하는데...'
아버지께서 일찍 그렇게 되신 것을 들었지만,
저에게까지 이리 빨리 올 줄은 몰랐습니다.
급격히 노화가 진행된 것 같았습니다.

좋다는 민간 치료부터
온갖 피부과 약까지 다 써보았지만...
소용이 없었습니다.

이러다가 결혼도 못 할 것 같은,
목사도 못될 것 같은
걱정에 빠지기도 했습니다.

그 이후, 강의실에 들어가면 모두 수군대며
오늘 강사가 바뀐 줄 알았다고 말했습니다.
어떤 날은 선배들과 함께 있는데도
제가 제일 큰 형이냐고 물었습니다.
부교역자 시절에는 교역자 단체 사진을 찍으면
다들 저에게 담임목사 같다고 놀렸습니다.
사람들은 저 때문에 웃었지만,
저는 속상한 날들이 참 많았습니다.

그때 저는 하나님께 기도했습니다.
"하나님, 제 머리가 빠지지 않고 많이 나게 해주세요.
밀림처럼, 정글처럼 무성하게 해주세요.
머리가 나면 어깨를 펴고 살겠어요."

그러자 세월이 가면서 더 큰 기적이 일어났는데,
머리는 그대로지만 담대해지는 쪽으로
응답되었습니다.
사실 이것을 바란 것은 아니었는데 말입니다.

어쨌든 기도는 결국 응답된 것입니다.
그 이후 저는 지금까지
담대하게 살고 있으니 말입니다.
앞으로 살면서 우리에게는
더 어렵고 특별한 기적들이 많지 않을까요?

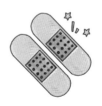

# 생동감 넘치는 인사

사람마다 인사하는 스타일이 조금씩 다릅니다.
크게 두 부류로 나눠볼 수 있습니다.
생동감 넘치는 인사를 하는 분들과
우울한 인사를 하는 분들로 말이죠.

어떤 분들은 상대방에게
큰 활기를 줄 작정으로
매우 밝게 인사를 합니다.
하지만 어떤 분들은
어둡게 바라보면서
다 함께 절망해야 할 것 같은
그런 느낌의 인사를 합니다.
실제로 그분께 특별한 일이 없는데도 말이죠.

결혼식장에서처럼 환하게 웃는 분들에게
과연 그런 확실한 기쁨이 있어서일까요?

물론 그런 경우도 있겠지만,
대부분은 상대방을 향한 배려입니다.
'힘든 세상, 저를 보면서 힘을 내세요!'
이는 비용이 들지 않는 재능 기부입니다.
설령 본인 상황에 어려운 부분이 있더라도
일단 다른 사람들에게는 힘을 주는 겁니다.

저는 태생적으로 얌전한 편이지만,
언제부턴가는 노력을 많이 하고 있습니다.
천하장사처럼 호탕하게 웃기도 하고,
웅변하듯 박진감이 넘치는 말투를 구사하기도 하며,
눈동자에는 박력이 넘치도록 힘을 주면서
활력이 넘치는 모습으로 사람들과 인사합니다.

생동감 넘치는 인사,

이 작은 노력과 섬김이

누군가에게는 큰 힘이 됩니다.

오늘 하루만이라도

생동감 넘치는 인사를 해보면 어떨까요?

# 내 안에 있는 시계

저는 살면서 각자 자신만의
'내 안에 시계'가 필요하다고 생각합니다.
째깍째깍 초침을 움직이면서 작동하는 벽시계처럼,
내 안에서 작동되는 나만의 시계가 있어야 합니다.
그래야 자신만의 시간표에 따라서
매일매일 성실한 삶을 살 수 있으니까요.
허허벌판처럼 막연하게 주어지는 시간들,
그 위에 집을 짓고 길을 내며 나무를 심고...
멋진 계획도시를 꾸미듯이
인생을 살기 위해서는
자기만의 시계가 있어야 합니다.


어떤 경우에 우리는 시간이 매우 많은데,
그냥 하루 종일 공허하다고 느낄 때가 있습니다.

돈도 있고 시간도 있는데,

할 일이 없다고 생각되어

밀림을 어슬렁거리는 맹수와 같이

괜히 불필요한 일, 재미도 없고 보람도 없는 일을

붙잡고서 시간을 다 허비하는 경우가 있습니다.

너무 심심하고, 너무 허무하며,

너무 답답하다는 탄식을 하면서 말입니다.

그러면 매일 주어지는 귀한 날들은

있어도 그만 없어도 그만인 것처럼

아깝게 잃어버립니다.

어쩌다가 휴가와 같은 날이 생겨도

별 의미가 없습니다.

무질서한 마음은 풍부함 속에서도

늘 빈곤함을 느낄 수밖에 없습니다.


그래서 내 안에 있는 시계는 중요합니다.

지금은 무엇을 해야 하고,

이것은 이제 마무리해야 하며,

이때쯤이면 저 일을 해야 하고,

이 일은 이 정도면 충분하며...

이런 식으로 판단을 내리기 위해서는

나만의 시계가 제대로 작동되어야 합니다.

무슨 목표를 가지고 살아야 할지,

지금쯤 무언가를 얼마만큼 해야 하는지에 대해서

구체적인 계획을 세우고 살아야 합니다.


물론 너무 급할 필요는 없습니다.

다만, 자기 자신의 계획과 꿈에 따라서

무언가 차곡차곡 쌓아놓듯이

하루 치, 한 달 치, 일 년 치의 몫을 감당하는

그런 사람이 되면 얼마나 좋을까요?

1년, 3년, 5년 후 계획을 적어보세요.

**1년 후**

......................................................................

......................................................................

......................................................................

**2년 후**

......................................................................

......................................................................

......................................................................

**3년 후**

......................................................................

......................................................................

......................................................................

# 두려움으로부터의 자유

2012년, 저는 미얀마를 배경으로 하는
영화 「더 레이디」(The Lady)를 보았습니다.
미얀마의 아웅 산 수 치(Aung San Suu Kyi) 여사에 대한
실화를 바탕으로 한 감동적인 영화였습니다.
이 영화를 보면서 가장 감동적인 부분은
자기 자신의 개인적인 안일함과
소박한 행복을 꿈꿀 수 있었던 평범한 여성이
결국 고국의 민주화와 새로운 앞날을 위해
과감하게 결단하고 몰두한다는 것입니다.

당시 쿠데타로 정권을 잡고 온갖 횡포를 저지르면서
악한 일을 하였던 군사 정권에 대해
조용하지만 단호하게 대항하였던
그녀의 용기가 매우 부럽습니다.

총부리를 겨누면서
금방이라도 죽일 것 같은 상황에서도
차분하게 용기를 내는 그 모습이
참으로 아름답습니다.
두려움으로부터의 자유(Freedom from Fear)가
얼마나 중요한지를 새삼 깨닫게 됩니다.

우리는 흔히 막연하게 두려워하여
용기를 내지 못하고
불분명한 실체에 대해서 겁을 냅니다.
그리고는 허상에 불과한 것들에 대해
꼼짝을 하지 못하고 자멸(自滅)합니다.
오늘날 우리의 삶과 신앙에서도
이러한 용기가 필요하지 않을까요?
매사에 차분하고 겸손해야 하지만,
결정적인 순간에는
담대한 눈빛과

꼿꼿한 모습을 보이면서
소신을 펼쳐가는 용기가
우리에게 필요합니다.

내가 달려갈 길과
주 예수께 받은 사명
곧 하나님의 은혜의 복음을
증언하는 일을 마치려 함에는
나의 생명조차
조금도 귀한 것으로
여기지 아니하노라

_사도행전 20:24

# 7층에서 바라본 세상

저는 평상시 거의 매일
새벽기도회를 마치면 바로 헬스장을 갑니다.
일정상, 그리고 기질상
운동에 대해 무심할 수 있는 타입이라
의도적으로 가려고 노력합니다.
그런데 헬스장이 있는 7층에서
물끄러미 창밖에 펼쳐진 세상을 보면
꼬리에 꼬리를 무는 생각들이 있습니다.
오늘은 그것을 나누고자 합니다.

7층 높이에서 바라보는 세상은
참으로 다양합니다.
주변의 건물들이 대부분 7층보다 낮은 편이라
제일 눈에 많이 띄는 부분은 옥상의 모습입니다.

아래에서 또는 옆에서

건물을 올려다볼 때는 외관이 꽤 멋진데,

위에서 내려다본 건물의 옥상은 그렇지 않습니다.

지저분한 물건들을 잔뜩 쌓아놓거나

심지어는 쓰레기로 보이는 물건들이 방치되어 있습니다.


우리의 삶도 이와 같지 않을까요?

남들이 보는 부분,

남에게 쉽게 보이는 부분에서는

극도의 예민함을 가지고 잘 꾸미는데...

남이 보지 못하는 부분에서는 과연 어떨까요?

흉하고 지저분하며 부족한 부분이

방치되고 있지는 않나요?

조금만 높은 곳에서 내려다보면

모든 것이 다 보이는데...

사람은 보지 못해도 하나님은 다 보신다는 생각에

흐트러진 마음을 정돈해 보면 어떨까요?

내 마음속 지저분한 것들을 적어보세요.

# 내가 바라는 자화상

어린 시절,
저는 그 흔한 '올백'도 없었고,
'올수'도 없었습니다.
1등도 초등학교 6학년 때,
그리고 재수할 때 몇 번 정도에 불과했죠.
그래서 저는 늘 '탁월함'이라는 단어보다
'성실함'이라는 단어를 더 선호합니다.
탁월성에 대해 자신이 없었기에
차선책으로 붙잡은 거죠.

탁월하지 못해도 성실할 수는 있습니다.
다시 말해, 100점을 맞지는 못해도
100점을 맞기 위해서 매일매일 해야 하는
일들까지는 할 수 있습니다.

그러면 칭찬하기는 어려워도,

그렇다고 딱 붙잡고 혼내기도 어렵죠.

그런데 사실은 성실하기도 쉽지는 않습니다.

그래서 제가 마지막으로 붙잡은 것이 있다면

그냥 '착함'입니다.

사실 착함에 대해서는

'미련하다, 무능하다'는 편견이 있을 수 있습니다.

하지만 이것은 탁월함에 비해 쉽습니다.


탁월하지는 못해도,

때론 성실하지도 못해도

착한 마음만큼은 유지하고자 노력합니다.

무엇을 못해도 좋으니까 최대한 성실하고,

혹시 못다 이룬 일이 있어도

마음만큼은 착했으면 좋겠습니다.

### 🔍 탁월-하다(卓越하다)*

[형용사] 남보다 두드러지게 뛰어나다.

### 🔍 성실-하다(誠實하다)

[형용사] 정성스럽고 참되다.

### 🔍 착-하다

[형용사] 언행이나 마음씨가 곱고 바르며 상냥하다.

---

\*    네이버 국어사전

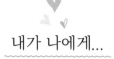

# 내가 나에게...

소중한 이유(삶의 목적, 목표, 비전 등)를 적어보세요.

I to myself

# 4부

# 당신의 삶을 위로합니다

# 참 많이 힘드셨지요

놀부와 흥부에 대한 이야기를 들은
어떤 어린아이들은 다음과 같이 말했다고 합니다.
"그렇게 먹을 것이 없다면 짜장면이나 피자를 시켜 먹고,
최소한 라면이라도 끓여 먹으면 되지. 왜 굶지?"

어떤 50대 여성은 비슷한 또래
다른 여성의 갱년기 고충에 관한 이야기를 들으면서
"다 겪는 일인데, 왜 이리 엄살을 부리니?"라고
핀잔을 주었다고 합니다.

어린아이를 키우는 것, 사춘기 자녀를 돌보는 것,
자녀의 결혼 문제, 신입사원의 직장 내 힘든 이야기들...
이 모든 일들을 내가 다 안다고 하기에는
너무도 다양한 변수와 차이들이 있습니다.

그래서 우리는 누군가 힘든 이야기를 꺼내면,
절대 존중하는 마음으로 들어야 합니다.
"아, 그렇군요. 정말 많이 힘드셨겠어요."

제럴드 싯처 목사님은
자신의 저서『하나님 앞에서 울다』(좋은씨앗)에서
누군가의 아픔에 대해
너무 쉽게 위로하지 말라고 말합니다.
그냥 묵묵히 손을 잡아주면서
함께 울어주고 기도만 해주라는 것입니다.

다 아는 것처럼 컨설팅하고
평가 또는 분석하지 않아야 합니다.
아울러 앵무새처럼, "믿음으로 사세요.
소망으로 기다리세요. 잘 될 겁니다.
기도 많이 하세요"라는 말도 멈춰야 합니다.

오늘도 온몸으로 고스란히 인생의 고통을 짊어진
당신 그대로를 주님의 이름으로 사랑합니다.
저는 다 알 수 없지만, 해결해 드릴 수는 없지만,
그러나 함께 듣고 울 수는 있습니다.
참 많이 힘드셨지요...

수고하고 무거운 짐 진 자들아
다 내게로 오라 내가 너희를 쉬게 하리라

_마태복음 11:28

# 사람을 의지하지 않습니다

우리는 살면서
사람을 의지하고 싶을 때가 있습니다.
그러나 그건...
때론 위험하고, 때론 허무합니다.
사람은 기본적으로 악(惡)하기 때문입니다.
여전히 죄의 본성이 잠재되어 있기에
언제 돌변할지 모릅니다.
또한 사람은 기본적으로 약(弱)합니다.
설령 좋은 마음을 품었다고 해도
실행할 수 없는 무기력함에
꼼짝 못할 수 있습니다.


그래서 우리는 만나는 사람들마다
미소와 친절, 사랑과 헌신,

인간적인 든든함에도 불구하고...
어쩔 수 없는 악함과 약함을
동시에 미리 내다보면서 대해야 합니다.
그 사람이 특별히 문제가 많아서가 아니라
인간이기 때문입니다.
나아가 어쩔 수 없는 부분을 바라보게 될 때마다
정죄하기보다는 올 것이 온 것처럼
측은하게 보는 마음이 필요합니다.


결국 오늘도 우리는 시한부 인생 속에서
사람 대신 하나님만을 바라보아야 합니다.
주님만이 언제나, 그리고 변함없이...
우리를 사랑하고 도와주십니다.
나아가 궁극적으로 모든 짐을 내려놓고
우리를 죄에서 자유롭게 풀어주실
천국에서의 날들을 손꼽아 기다립니다.

기도 제목을 적어보세요.

1.
.............................................................................................

.............................................................................................

2.
.............................................................................................

.............................................................................................

3.
.............................................................................................

.............................................................................................

# 모자람의 위안

저는 살면서 제가 점점 더
모자란다는 것을 인정하게 됩니다.
이 말은 어떻게 보면 뻔뻔스럽게 들릴 수 있습니다.
또 어떻게 보면 대범하게 들릴 수도 있지만,
어떻게 보면 매우 서글픈 말입니다.
그리고 매우 솔직한 고백이기도 합니다.

우연히 『모자람의 위안』(IVP)이라는 제목의 책을
서점에서 발견하게 되었는데,
지금도 가끔 이 책을 다시 읽곤 합니다.
이 책에서 저자는
우리의 삶에 있는 한계들에 대해서
더 이상 서글퍼하지 말고
부정하지 말며

새삼스럽게 보지 말고

이것들과 정면에서 조우하면서

보드라운 손길로

나를 어루만질 수 있어야 한다고 말합니다.

그래서 이 책을 읽다 보면,

우리의 한계를 초월하는 비법을 배우는 것이 아니라

한계와 함께 찾아오는

예기치 못한 선물이 있다는 것과

그 속에 감춰진 위안을 발견하게 됩니다.


우리에게도 언젠가는

반드시 한계가 찾아올 것입니다.

어떤 것이 되었든지...

그때 그 한계가 오히려 주님을 의지하게 되는,

천국을 소망하게 되는 계기가 되길 바랍니다.

또한 매일 일상에서 발견하는

나 자신의 크고 작은 모자란 모습들을 향해

잘못한 아이를 나무라듯 몰아세우지 말고,
불쌍한 친구를 만난 것처럼
따뜻하게 안아주길 소망합니다.

두려워하지 말라 내가 너와 함께 함이라

놀라지 말라 나는 네 하나님이 됨이라

내가 너를 굳세게 하리라 참으로 너를 도와 주리라

참으로 나의 의로운 오른손으로 너를 붙들리라

_이사야 41:10

# 어느 장례식

오래전,
한 집사님의 임종이 임박하다는 소식을 듣고
자정이 가까운 시간 포천에 있는 요양병원으로
급히 찾아갔습니다.
사슴처럼 착한 눈과
온유한 심성을 가진 집사님은
2~3년 전부터 암이 재발되어
치료를 받는 중이었습니다.
그동안 얼마나 힘들었는지...
눈도 제대로 뜨지 못하고 누워계셨습니다.
외로운 병실에서 48년간의 인생을 서둘러 정리하며
생애의 마지막 밤을 꺼져가는 등불처럼
그렇게 보내고 있었습니다.

저는 눈물을 삼키며...

요한복음 14장 1~3절의 말씀을 나누었습니다.

너희는 마음에 근심하지 말라

하나님을 믿으니 또 나를 믿으라

내 아버지 집에 거할 곳이 많도다

그렇지 않으면 너희에게 일렀으리라

내가 너희를 위하여 거처를 예비하러 가노니

가서 너희를 위하여 거처를 예비하면

내가 다시 와서 너희를 내게로 영접하여

나 있는 곳에 너희도 있게 하리라

"집사님, 그동안 많이 고생하셨지요?

하나님은 집사님을 너무도 사랑한 나머지

더 고생하는 것을 차마 지켜보지 못하고

이제 영원한 천국으로 데려가시면서 완벽한 치료를 통해

신령한 몸으로 다시 살아나도록 하실 것입니다.

더 아프지 말고, 마음 졸이지 말고,

모든 짐이 없는 곳에서 그렇게

소원한 대로 주님을 마음껏 찬양하며

사슴처럼, 노루처럼 여기저기 뛰어다니면서

생의 진면목을 누리게 될 것입니다.

내 아버지 집에 거할 곳이 많다고 하셨습니다.

이제 편안하게 주님 품에 안기실 것을

기다리시기를 바랍니다.

그리고 남겨진 남편과 아들도

이제는 하나님께서 온전히 맡으셔서 돌보실 것입니다."

그러자 집사님은 아무런 말씀이 없으신 채,

조용히 웃으면서 따뜻한 손으로

저의 손을 꼭 잡으셨습니다.


지금 우리는 힘든 세상을 살지만,

오늘도 우리의 거할 곳을 예비하시는 주님을 바라보며

조금 더 힘을 내어 살길 간절히 소망합니다.

# 그래도 하나님밖에 없어요

교회에서 사역하다 보면,

가끔 너무나 큰 고통을 당한 분들을 접하게 됩니다.

그때 저는 여러 말로 위로하려고 하기보다는

일단 공감하고 품으려고 합니다.

섣부른 권면을 하려고 다가서기보다는

그냥 듣습니다.

'오죽 힘들었으면...'

그 어떠한 형편이라도 다 두둔하고 싶고,

편들어주고 싶은 마음을 갖습니다.

그리고 같은 마음으로 눈물을 흘리려고 합니다.

그러나 격동의 시간이 다소 지나면,

저는 숨겨놓은 말을 한마디만 합니다.

"그래도... 하나님밖에 없어요..."

원망도 할 수 있습니다.

푸념도 할 수 있습니다.

내 신앙의 모든 수고와 헌신, 공로, 봉사와 섬김을

다 꺼내어 보여줄 수도 있습니다.

마치 하나님이 불의하신 것처럼,

너무 하신 것처럼 투정을 부릴 수도 있습니다.

그렇지만 그래도 하나님밖에 없습니다.

물론 지금 당장은 이해하기 어려운 슬픔과

무거운 짐이 많습니다.

그래도 불평하지 않고 좀 더 신중하고 진지하게

우리의 삶을 돌아보면서 기도해 보세요.

"주님, 그래도... 주님밖에 없어요..."라고요.


마지막 날, 주님께 여쭈어볼 내용이 많습니다.

현세적인 믿음이 아니라

궁극적인 영생과 구원을 꿈꾸는 우리로서는

다음과 같은 고백을 하게 됩니다.

아무리 힘들어도...
아무리 억울해도...
그래도...
하나님밖에 없습니다!

사람이 감당할 시험 밖에는

너희가 당한 것이 없나니

오직 하나님은 미쁘사

너희가 감당하지 못할 시험 당함을

허락하지 아니하시고

시험 당할 즈음에 또한 피할 길을 내사

너희로 능히 감당하게 하시느니라

_고린도전서 10:13

# 나그네 인생

나그네 인생을 살기에
우리는 편안함을 느낍니다.
여행지에서 잠깐 머무르고 있다고 생각하면
지금의 모든 속박, 초라함, 불편함에 대해서 훌훌 털고
다음 여정을 감당할 힘이 생기기 때문입니다.

하지만 때로는 우리가 나그네라는 것을
잊는 것 같습니다.
그래서 지금 있는 곳에
크고 멋진 집을 지으려고 합니다.
너무 많은 계획을 세웁니다.
큰 욕심을 냅니다.
마치 하루살이가 내일 보자는 식으로
100년 계획을 세우듯이...

나그네는 여행지에서 하루를 지내면,

그것만으로도 감사와 기쁨을 노래할 수 있습니다.

불필요한 것을 최대한 버리고,

마치 높은 비행기에서 땅을 내려다보듯

지금 이곳의 모든 상념과 고민을 향해 웃으면서

관조할 수 있는 여유를 부릴 수 있습니다.

나그네는 누구와 다투어도 금방 털고,

조금 힘든 일이 있어도 금방 내려놓을 수 있습니다.

너무 지나친 책임감과 과도한 자기 암시로부터

자유로울 수 있습니다.


그런데...

그래도 정 힘들다면...

곧 돌아갈 영원한 내 집에 대한 동경을 해보세요.

그리고 그곳에 대한 기대감을

한층 더 두텁게 만들면 됩니다.

참 쉽죠?

지금의 잠깐을 가볍게 볼 수 있고,
나중의 영원을 무겁게 볼 수 있다는 것이 말입니다.
우리는 외로운 나그네가 아니라
어느 것에도 매이지 않은 자유인입니다.

감사 제목을 적어보세요.

1.
......................................................................................................

2.
......................................................................................................

3.
......................................................................................................

# 참된 안식 : 욕심을 멈추는 날들

'안식'에 대한 히브리어는 'שַׁבָּת(Sabbath, 쇄바트)'인데,
이것은 '멈추다'는 뜻입니다.
한 주간 나를 위해 살고,
세상적인 책임과 성공과 쾌락을 위해서 살며,
그 속에서 근심과 걱정에 찌들어 살던
모든 것을 다 멈추라는 의미입니다.

마르바 던(Marva Dawn)은
자신의 저서 『안식』(IVP)에서
'안식은 자신이 삶에서 스스로 하나님이 되려는
미약한 시도를 포기하는 것'이라고 하였습니다.
때로 우리가 하나님인 것처럼 오버하고
과로하며 고민하던 모든 것을
다 내려놓으라는 것입니다.

그래서 우리는 안식의 시간이 필요합니다.

꼭 멀리 가지 않더라도,

꼭 여러 날을 쓰지 않더라도

'나는 누구인지,

나는 누구의 도움을 받는지,

내가 믿음이 있다는 것은 무슨 의미인지,

나는 그동안 어떻게 살아왔고

어떻게 살아가야 할지'를

곰곰이 묵상하면서

조용히 하나님과 독대하는 시간이 필요합니다.


종교개혁가 루터는 '선행에 관한 소고'에서

이 부분에 대해 언급하면서,

우리가 쉴 때 비로소 우리의 일이 그치고

하나님만이 우리 안에서 일하신다고 선언하였습니다.

오늘도 소박한 안식을 찾아

잠잠히 하나님을 바라보면 좋겠습니다.

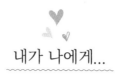

# 내가 나에게...

위로의 말이 가득 담긴 편지를 적어보세요.

I to myself

# 5부

# 때론 넘어질 수 있습니다

# 인생에서 미끄러질 때

2014년 소치 올림픽을 끝으로 은퇴한 김연아 선수는
명실상부 한국을 빛낸 멋진 선수입니다.
경기 중 김연아 선수가 공중에서 회전하거나
새처럼 하늘을 날듯 점프를 한 후
빙판에 미끄러지면서 아름다운 곡선을 보여줄 때면
'어떻게 저렇게 아름다울 수 있을까!'라고
늘 감탄하게 됩니다.
그러나 그녀 역시 실수와 미숙함을 보여주던
시절이 있었다는 것을 아시나요?

2007년쯤인가 한 국제 대회에서 김연아 선수가
빙판에서 여러 번 넘어지는 것을 보았는데,
지금 보면 너무나 낯설고 이상합니다.
'천하의 김연아 선수도 이런 과거가 있었다니...'

어린 나이에 넘어지는 순간마다
얼마나 속이 상했을까요?
그런데 놀라운 것은
넘어졌던 순간의 바로 다음 장면입니다.
넘어지고 나서 곧바로 다시 일어서고,
아무런 일도 없었다는 듯이 다음 동작을 하면서
자연스럽게 경기를 이어가는 모습에
우리는 진정한 박수를 보내지 않을 수 없습니다.

우리의 인생도 같습니다.
매 순간 경기를 뛰듯이 살면서
그 누구도 넘어지지 않을 수는 없죠.
실력, 도덕, 믿음…
모두가 다 완벽할 수는 없습니다.
그러나 문제는 그다음입니다.
'인생에 흠집이 났다. 실수가 있었다'는 아쉬움으로
앉아서 울고만 있을 건가요?

아니면 회개하고 겸손하게 다시 일어나
더 열심히 뛰면서 다음 동작을 이어가실 건가요?
무엇이 중요할까요?

미끄러졌다면, 다시 일어서면 됩니다.
as soon as possible!

Q as soon as possible*

되도록 빨리.

_____

*   네이버 영어사전

# 지나가는 구름

오래전, 길을 걷다가
우연히 생각나는 아이디어가 있어
수첩을 꺼내 적고 있었습니다.
그런데 갑자기 뒤에서 큰 소리가 들렸습니다.
"당신, 지금 무엇을 적습니까?"
깜짝 놀란 저는 뒤를 돌아보았습니다.
그분은 자신의 자동차 앞에서
제가 무언가를 적고 있는 것이
썩 좋지 않았나 봅니다.
저에게 무엇을 적느냐고 항의하는데,
저는 정말 억울하고 막막했습니다.

그분에게 무슨 거리낌이 있으셨을까요?
그냥 필요한 것을 쓰나 보다 하면 될 것을

마치 무슨 단속 나온 경찰을 보듯이
왜 그렇게 민감하게 불편한 심기를 드러냈을까요?
과민반응이 분명합니다.
누군가가 멀리서 나를 쳐다보며 이야기만 해도
혹시 지금 내 흉을 보는 것은 아닌지,
또는 그저 배가 불편해 인상을 쓰는 것뿐인데
왜 나를 보면 늘 얼굴을 찌푸리느냐고
항의할 수는 없지 않을까요?

모든 것에 너무 많은 의미를 부여하고,
부정적인 가치 판단의 족쇄를 채우는 것은
좋지 않습니다.
말 그대로 자연스럽게, 무관하게, 편안하게 보아야 할
많은 부분에서 히스테리 증상을 보이지 않는
자유함이 있다면 얼마나 좋을까요?
'지나가는 구름, 지나가는 바람이구나!'라고
생각하고 살면 좋겠습니다.

기도 제목을 적어보세요.

1.
　.................................................................

　.................................................................

2.
　.................................................................

　.................................................................

3.
　.................................................................

　.................................................................

# 느린 것을 두려워하지 말자

중국에 '不怕慢 只怕站'(부파만 지파참)이라는
속담이 있습니다.
'느린 것을 두려워하지 말고,
중도에서 그만두는 것을 두려워하라'는 뜻입니다.

가만히 생각하면 정말 그렇습니다.
느려도 끝까지 가는 것이
중도에서 멈추는 것보다 중요합니다.
하지만 우리는 흔히 '빨리 가기만 하면
금방 멈추어도 여한이 없다'라는 마음으로 삽니다.
왜일까요?

유한한 세상, 유한한 인생을 살면서 우리는
인생에서 생각보다 많은 장애물을 만나게 됩니다.

그 장애물들을 우리는 징검다리와 같이
하나씩 차례대로 밟고 지나가야 하는데,
때론 두 칸씩, 때론 훌쩍 뛰어넘어 가려고 합니다.
조바심을 내면서 말이죠.

최악의 상황은 본의 아니게 멈추는 것입니다.
멈추면 하룻밤의 꿈처럼 모든 것이 다 사라집니다.
우리의 조급함으로 이런 상황이 오지 않도록
지혜와 배려, 긴장 완화와 여유가 필요하지 않을까요?

오랜 세월 작은 물방울에 큰 바위가 패이듯
느릿느릿 살면서도 인생의 큰 그림이 아름답게 그려지는
그런 인생이 되길 기대해 봅니다.

## 자유와 평안

우리는 살면서
때론 막다른 길목에서
잠시 고민할 때가 있습니다.
그동안 지칠 줄 모르고 달려왔는데,
어느 날 갑자기 사방이 꽉 막힌 때가 있죠.
'왜 이렇게 되었을까? 어떡하지?'
순진한 부잣집 도련님처럼
당황할 때가 있습니다.

그럴 때 우리는 하늘을 보면서
하나님의 손길을 간구해야 합니다.
하나님의 또 다른 인도하심이 있다는 것을
깨달아야 합니다.
그래서 이 상황 속에서

갑자기 서운해하거나 원망하지 말고,
본인이나 남의 실수와 아쉬움을 생각하지 말고,
오직 하나님의 뜻에만 집중해야 합니다.
잘잘못을 따지지 말고,
가만히 그분의 판결에 순응하는 모습이 필요합니다.

그러면서 우리는 하나님의 인도하심이
가장 선하다는 것을 깨닫습니다.
내 것이 아니라 본래 하나님의 것이었다는 것을 알면서
내가 쥐고 있던 모든 것들을 내려놓게 됩니다.
'청지기와 같이 잠시 갖고 있던 것뿐인데...'
'여행자와 같이 잠시 머무르는 것뿐인데...'
이렇게 생각하면,
우리는 모든 것에 대해 자유로울 수 있습니다.

항상 베스트는 하나님께서 결정하신다는
겸손한 신앙고백을 다시금 되뇌어 봅시다.

나는 잘 모르지만,

하나님은 잘 아신다는 것을 인정해 보십시오.

그러면 마음에 평안이 솔솔 피어오릅니다.

'그럼에도 불구하고'

감사 제목을 적어보세요.

1.
...................................................................................................

2.
...................................................................................................

3.
...................................................................................................

# 막으시는 하나님

우리는 때로
나의 뜻을 관철하려고 하는
욕심을 가집니다.
그래서 다양한 이유를 대면서
나의 생각과 뜻으로 일을 결정하고,
일의 시기와 방법까지도
모두 결정을 내리는 경우가 있습니다.
'주님, 이것이 가장 좋은 것입니다'라는
기도를 할 때가 있습니다.
하나님을 설득하려는 것인데,
글쎄요...
이것이 과연 옳을까요?

물론 우리의 간곡한 기도에 대해
하나님께서는 우리를 인정하고
지지해 주실 때도 있지만,
때로는 하나님께서 좋지 않게 보셔서
막으실 수도 있습니다.
그때 '하나님께서 나의 이 좋은 생각을 막으실까.
내 충정을 왜 몰라주실까.
하나님은 좋게 보시는데 사람들이 막는 것이지'라고
생각하면 매우 위험합니다.

그런 의미에서 우리는 늘 주의가 필요합니다.

모든 결정권자는 하나님이시기 때문입니다.

조심스럽게 하나님께 여쭤볼 수는 있지만,

우리는 그분의 분부대로 시행하는 편이

더 맞는 인생입니다.

하나님의 인도하심과 하나님의 막으심…

우리의 삶에 평생 따라다니는 변수입니다.

너희는 먼저 그의 나라와 그의 의를 구하라

그리하면 이 모든 것을 너희에게 더하시리라

_마태복음 6:33

# 재수생 스토리

저는 대학에 떨어져
재수했던 시절이 있었습니다.
그 시절은 늘 서운함이 가득했죠.
또 비만 오면 제 신세가 얼마나 불쌍했는지...
늘 열등감에 사로잡혀 있었습니다.
우연히 또는 오랜만에 누군가를 만나도
'재수생'이라는 저의 신분을 밝히기가 부끄러웠습니다.
'재수생'이라는 이름으로...
저는 그렇게 사회에서 가장 소외된 계층처럼
스스로를 불쌍히 여기며 살았습니다.


그런데 그 시절 저의 어머니는 저에게
한결같이 따뜻한 격려를 해주시며,
하루 전날 미용실에서 하루 종일 서서

커트와 파마를 하며 힘들게 번 돈으로
저의 주머니를 늘 든든히 채워주셨습니다.
새벽마다 정성스럽게 밥을 차려주시고
늘 도시락을 준비해 주셨으며
저녁에는 제가 제일 좋아하는
중국집 볶음밥을 사주셨습니다.
재수생 아들인 저는 어머니의 사랑으로
이 힘든 날을 너끈히 감당할 수 있었습니다.
그 결과, 지지부진했던 성적이
마치 날개를 단것처럼 높이 솟구쳤습니다.
그래서 제가 원하는 학교, 학과에
진학할 수 있었습니다.

아들, 힘내!

가장 힘든 날,
누군가의 따스한 사랑과 작은 정성이
또 다른 누군가의 평생에 쓸
밑천이 될 수 있습니다.

가장 힘든 날, 누군가의 따스한 사랑과
작은 정성을 받아본 경험이 있나요?
그 사랑과 정성은 당신의 삶에
어떤 영향을 주었는지 적어보세요.

# 넘어지기 쉬울 때

우리는 가끔 사회 고위층에 대한,
평생의 공든 탑이 무너지는 것과 같은
좋지 않은 기사를 접하게 됩니다.
절대로 그렇지 않을 것 같았던 분들이
그렇게 쉽게 넘어지는 것을 보면...
우리 역시 나 자신을 수시로 돌아보며
살아야 한다는 교훈을 얻습니다.
그렇다면, 우리는 언제 넘어지기 쉬울까요?

첫째, 너무 피곤하면
죄악에 쉽게 노출됩니다.
너무 피곤해 조금 쉬고 싶은 마음에
결국 죄악에 대해 합리화하며
방심하게 됩니다.

'지금은 조금 쉬어야 하니까.
이 정도는 누구나 다 이해할 거야.
한 번쯤은 이래도 되지 않을까?'라고 생각하면서.

둘째, 스트레스를 그때그때 해결하지 못하면
언젠가는 그 독소가 쌓이고 쌓여 폭발하게 됩니다.
나 자신이 가장 힘들다는 연민에 빠져
모든 것을 합리화하면서
주변을 향해 분노의 화살을 돌리며
결국 침몰합니다.

셋째, 너무 한가해도 넘어집니다.
너무 한가해 마음이 뒤숭숭해서...
설마 무슨 일이 있겠냐고 자만하면서...
결국 여러 유혹에 빠져서 넘어집니다.
그래서 우리는 늘 무언가로
마음을 채우고 지키며 돌봐야 합니다.

너무 힘들기 전에 쉬고,

너무 고통스럽기 전에 응급조치라도 해놓고,

너무 시간이 남지 않도록

일정한 목표를 향해 움직여야 합니다.

늘 성실하지만 평안을 유지하고,

늘 바쁘지만 기쁨을 잃지 않는

그런 삶을 살면 어떨까요?

 유혹(誘惑)*

[명사] 꾀어서 정신을 혼미하게 하거나 좋지 아니한 길로 이끎.

    성적인 목적을 갖고 이성(異性)을 꾐.

---

\* 네이버 국어사전

# 내가 나에게...

인생에서 가장 힘들었던(실패했던) 때를 통해 얻은 교훈을 적어보세요.

I to myself

**6부**

# 행복은 가까이 있습니다

# 우리는 부자입니다

어머니는 미장원을 하셨습니다.
그래서 저는 늘 가게와 방이 붙어 있는
집에서 살았습니다.
가게가 있고, 한편에 작은 부엌과 방이,
마치 미로처럼 있는 구조였습니다.

화장실은 건물에 세 들어 사는
서너 가구의 사람들이
모두 함께 쓰는 공동화장실이었습니다.
급하거나 한밤중이라도,
몹시 추운 한겨울이라도 화장실을 가려면
언제나 집 밖으로 나가야 했습니다.

혹시나 다른 분이 사용하고 있으면

마냥 기다려야 했습니다.
만에 하나 속이 좋지 않거나
자주 가야 하는 일이 생기면
참 고역이었습니다.

우리 가족들만의 화장실을 사용하게 된 것은
제가 갓 스무 살을 넘겼을 때였습니다.
얼마나 편했는지,
얼마나 감탄했는지 모릅니다.
그때 저는 제가 아주 부유해졌다고 생각했지요.
언제라도 사용할 수 있는
화장실이 있으면 부자입니다.

자족하는 마음이 있으면

경건은 큰 이익이 되느니라

우리가 세상에

아무 것도 가지고 온 것이 없으매

또한 아무 것도 가지고 가지 못하리니

우리가 먹을 것과 입을 것이 있은즉

족한 줄로 알 것이니라

_디모데전서 6:6~8

# 느리고 소박한 인생

수년 전 「인간극장」에서는
서울에서의 바쁜 날들을 정리하고 제주도로 간
젊은 부부의 이야기가 소개되었습니다.
둘 다 서울에서 일을 잘하다가 불현듯
제주도 서귀포에서의 낯선 일상을 시작합니다.
남편은 아침마다 옥상에서
요가를 하듯 쭈그리고 앉아서
새소리를 듣고 떠오르는 태양을 보며
바다의 향기를 맡으며 하루를 시작합니다.
문득 배가 고파지면
밥을 먹으러 집에 들어갑니다.
식사 시간이라 밥을 먹는 것이 아니라
정말 배가 고프면 밥을 먹는답니다.

이 부부의 특징은

아내가 남편에게 잘 맞춰준다는 점입니다.

특이한 남편에 대한 전적인 신뢰, 이해,

동의하는 모습이 귀하게 보입니다.

남편을 위해 기다려주고 도와주면서

남편이 더 남편답게

그런 특별한 인생을 살아가도록

격려하는 모습이 참 귀하게 보입니다.

부부는 지갑을 잃어버려도 호들갑 떨지 않고

놀라지도 않으며 침착하게 대응합니다.

우리 같으면 119를 부를 것 같은 상황에서도

그저 염려하는 눈빛으로 바라보다가

금세 넉넉한 일상으로 돌아옵니다.


부부는 직업의 특성상 집에서 일하는데,

작업을 하다가 밤이 깊어갈 때

아내는 늦은 밤 다이어트의 염려도 없이
맛난 간식을 직접 만들어 남편의 작업실로 갑니다.
그러다가 문득 제주도의 하늘을 바라보면서
기타를 들고 마음껏 노래를 부르기도 합니다.
또는 옥상에 불을 피워놓고 캠프파이어의 연인처럼
도란도란 데이트를 나누기도 합니다.


전쟁과 같은 세상을 사는 오늘날,
이런 부부의 삶이 부럽습니다.

가장 행복한 때를 적어보세요.

....................................................................................

....................................................................................

....................................................................................

....................................................................................

....................................................................................

....................................................................................

....................................................................................

....................................................................................

....................................................................................

# 아이들의 마음

한 학교 시험지에 적힌
아이들의 답입니다.

1. 옆집에서 음식을 주셨을 때 어떻게 말씀을 드려야 할까요?
☞ 머얼, 이런 걸 다...

[엄마가 아기와 장난감으로 놀아주면서 그림]
2. 지금 엄마가 아기에게 무엇을 해주는 것일까요?
☞ 최면을 건다.

3. 만유인력을 발견한 사람은?
☞ 죽었다.

4. 얼음이 녹으면?

☞ 봄이 온다.

5. 조선시대 도축업자는?

☞ 망나니

아이들의 답을 가만히 보고 있자니

그 순수함에 절로 감탄하게 됩니다.

너무 치열한 세상을 살면서

늘 긴장을 멈추지 않아

이러한 여백,

여유를 다 잊고 사는 건 아닌지...

때로는 가장 순수했던 시절로 돌아가고 싶습니다.

조금 부족하더라도, 조금 모르더라도, 조금 틀리더라도

좀 엉뚱한 답을 쓰고는 왁자지껄 떠드는 소리로 가득 찬

그때 그 시절로 돌아가고 싶은 날입니다.

지금은 불볕더위이나 시간은 계속 흐르겠지요.

그리고 멀지 않아 찬 바람 부는 겨울이 올 겁니다.

가장 뜨거운 날을 살면서

어린 시절 일기나 수첩, 사진들을 꺼내어

또 다른 '나'와 대화를 시작해 보면 어떨까요?

어린이, 청소년, 청년 시절의 '나'와 말입니다.


너무 예민할 필요도 없고

너무 낙심할 것도 없이...

그냥 편안한 오후를 보내고 싶은 날입니다.



🔍 추억(追憶)*

[명사] 지나간 일을 돌이켜 생각함.

　　　또는 그런 생각이나 일.

_____

＊　네이버 국어사전

# 면도 이야기

저는 수염이 빨리 자라는 편입니다.
아침에 면도해도 오후만 되면 산적이 된 것처럼
다시 거뭇거뭇 터프한 모습이 되고 맙니다.
그래서 오후 너머 심방이나 예배가 있다면,
자칫 단정하지 않은 모습이 될까 염려되어
다시 면도해야 합니다.

그런데 이미 남들보다
일찍 탈모가 진행된 저로서는
이것이 참 유감입니다.
만약 선택하라면 저는 수염과 머리카락이
서로 반대가 되었으면 좋겠습니다.
아니, 최소한 머리카락은 포기하더라도
수염은 좀 눈치껏 천천히 자라주면 좋겠습니다.

이처럼 원하는 것은 잘 안되고,

원하지 않는 것은 너무 잘 되는 것...

이것이 우리 인생의 아이러니입니다.

아마 우리 중에는

내가 좋아하는 사람은 나를 싫어하고,

내가 싫어하는 사람은 나를 좋아하는...

노력한 것은 잘 안되고 내버려 둔 것은 잘 되는...

이러한 종류의 고민이 참 많을 것입니다.

그래서 겸손하고, 그래서 자유한 날입니다.

고민을 적어보세요.

........................................................................

........................................................................

........................................................................

........................................................................

........................................................................

........................................................................

........................................................................

........................................................................

........................................................................

## Shall We Dance?

결혼 후, 저는 아내와의 대화에서
"~할까요?"라는 말을 자주 사용합니다.
예를 들어, "여보, 지금 갑시다!"라는 말 대신
"여보, 지금 갈까요?"라고 말하는 겁니다.

우리는 가까운 사람들에게 딱딱하게,
명령하는 듯한 말투에 대해 익숙하면서도
사실 이런 말에는 거부감을 갖고 있습니다.
그런데 끝을 살짝 올려
부드럽게 제안하는 말투 앞에서는
왠지 마음이 편안해지면서
그 말에 따르고 싶어집니다.
그래서 저도 이러한 말투를
자주 사용합니다.

자칫 우유부단하고
애매한 말투처럼 보일 수 있지만,
사실 그렇지 않습니다.
물론 '진리'와 '비(非) 진리'를 구분할 때는
한 발짝도 양보할 수 없기에
다소 딱딱하고 명령적인
단호한 말투가 필요하지만,
일상에서는 그렇게까지 목숨을 걸 만큼
민감한 것들은 없습니다.

그렇다면 얼핏 듣기에도 부드러운 "~할까요?"와 같은
말투를 사용하면 어떨까요?
그러면 상대방에게는 당신을 존중하고 있다는
마음까지 전할 수 있습니다.
일종의 배려를 받는 것과 같은 느낌을 주죠.
뿐만 아니라 조심스럽게 자신의 의견을
분명하게 전달하는 힘도 있습니다.

오늘부터라도 누군가에게 말을 할 때

"~할까요?"라는 말투를 사용하면 어떨까요?

### 🔍 존중(尊重)*

[명사] 높이어 귀중하게 대함.

---

\* 네이버 국어사전

# 칭찬과 아부

『칭찬은 고래도 춤추게 한다』(21세기북스)는
책이 유행하면서 많은 사람에게
칭찬의 중요성이 강조되었습니다.
칭찬을 들으면 누구나 기분이 좋고,
그로 인해서 훨씬 더 자신감을 갖게 됩니다.
그래서 저는 칭찬을 많이 하려고 노력하며,
사람들을 만날 때마다 잘 살펴봅니다.
칭찬할 것을 찾아서 말이죠.

그런데 '칭찬'과 '아부'는 분명 다른 것입니다.
칭찬은 무언가 칭찬을 할 만한
실체(fact)에 포커스가 있는 반면,
아부는 이 부분에서 근거가 없는 경우입니다.
그래서 실체가 작든 크든, 객관적이든 주관적이든

양심상 무엇인가 칭찬할 만한 실체가 있다면
그것은 칭찬입니다.

칭찬을 잘하기 위해서는
꼼꼼함, 성실함, 어휘력이 필요합니다.
그러나 아부는 상상력과 창의력,
고도의 계산이 필요합니다.
결국 칭찬은 다른 사람을 위해서 하는 것이지만,
아부는 나를 위해서 하는 것입니다.
칭찬이 풍성한 것은 천국의 모형이고,
아부가 만연한 것은 세상의 흔적입니다.

칭찬이 많아지면 춤추는 고래들이 늘어나지만,
아부를 잘하는 사람들이 모인 곳에는
벌거숭이 임금님들이 늘어납니다.
우리의 대화에 칭찬이 더 많아지고,
그래서 천국의 기쁨을 더 많이 누리면 좋겠습니다.

오늘 하루 동안 만나는 사람들에게

진심을 담아 칭찬해 볼까요?

# 하루하루 살아요

어릴 때 저는 「내일 일은 난 몰라요」라는
찬양을 참 많이 들었습니다.
당시 어머님은 미용실을 하시면서
카세트테이프를 통해 찬양을 많이 들려주셨는데,
이 찬양을 수도 없이 많이 들었던 것 같습니다.
그런데 오늘 새벽기도회를 마치고 나오면서
'하루하루 살아요'라는 가사가
저의 머릿속에서 계속 반복되는 게 아닙니까?
'그렇다. 하루하루 사는 것이다...'라는 생각과 함께요.

어제 하루를 용케 잘 살았다면
서운한 것도, 아쉬운 것도 없다는 마음이 듭니다.
어제까지 먹고, 입고,
더위와 추위를 막아줄 거처가 있었다면...

가족이 있고,
적당한 물질과 시간이 있었다면...
횡재한 것처럼 기뻐할 수 있을 것 같습니다.

'나는 별로 먹지 못하고, 남들은 다 먹었다'라는
식으로 불평하는 마음을 다 내려놓고...
'야, 대단하다. 하루를 꼬박 잘 살았네'라는
탄성이 나와야 정상이라고 생각됩니다.
그날그날 벌어 근근이 먹고사는 것은
언뜻 볼품이 없고 초라한 것 같지만,
사실은 정말 대단한 것입니다.

하루치 식량이 있고, 하루치 옷이 있고,
하루치 건강이 있고, 하루치 지혜가 있고,
하루치 함께할 사람들이 있다면...
그것으로 족합니다.
그것이 다 떨어지면 주님이 부르실 것이기에...

여기서도 이미 좋고,
주님이 부르시면 더 좋다고 하는 찬양을 부르면서
또 한 날을 바라봅니다.
신생아처럼 이제 갓 태어난 오늘을
사랑스럽게 보듬으면서.

나는 선한 싸움을 싸우고
나의 달려갈 길을 마치고 믿음을 지켰으니
이제 후로는 나를 위하여
 의의 면류관이 예비되었으므로
주 곧 의로우신 재판장이
그 날에 내게 주실 것이며 내게만 아니라
주의 나타나심을 사모하는 모든 자에게도니라

_디모데후서 4:7~8

# 내가 나에게...

가장 행복했던(기쁘거나 감격했던) 때를 적어보세요.

I to myself

# 7부

# 주님을 만나야 합니다

# 인생의 공허함을 미리 안다면

어린 시절 우리는...
열심히 공부만 하면 보랏빛 향기가 나는
화려한 유토피아가 올 것이라고 생각했습니다.
열심히 공부하고 열심히 일하면서 착하게 살면,
우리 인생은 더할 나위 없이 좋아질 것이라는
큰 기대감이 있었습니다.
그래서 열심히 공부하고 일하며 뛰어왔죠.
그렇게 달려온 것이
어느덧 30~40년이 넘었습니다.

그러나 우리 주변의 많은 사람을 보면,
여전히 뛰기만 하지
손에 쥔 것이 없다고 아우성칩니다.
모든 엘리트 코스를 거쳐 온 사람들이

그 정도의 학벌, 재산, 명예를 가지고서도
여전히 인생의 또 다른 함정 앞에서
곤욕을 치르면서 신음하고 있습니다.
왜 그럴까요?
무엇이 잘못된 것일까요?
이 세상은 처음부터 우리에게
인생의 공허함을 숨기고 있었던 것이 분명합니다.

하나님을 모르는 자수성가(自手成家)의 뒤안길은
결국 공허함입니다.
우리는 하나님이 주시는 그 독특하고 절묘한
은혜의 세상을 알아야 합니다.
만약 그렇지 못하면,
공허함의 파도에 모두 침몰할 것입니다.
풍요 속에서 찾아드는 빈곤,
그때의 공허함이란
어쩔 수 없기 때문입니다.

어서 인생의 문을 열어야 합니다.

엉뚱한 곳에서 그만 애쓰고,

하나님이 열어주시는 문으로 순순히 나와야 합니다.

이제 그만 힘들어하고, 주님을 만나야 합니다!

🔍 공허(空虛)*

**[명사]** 아무것도 없이 텅 빔.

실속이 없이 헛됨.

---

\* 　네이버 국어사전

# 「에브리맨」 공연을 보고

저는 오래전 어느 대학에서
「에브리맨」(Everyman)을 관람하였습니다.
15세기 영국에서 유행한 도덕극으로,
인간이 추구하는 정념(情念)이나 가치들이
의인화되어 등장하는 우화적 연극입니다.

어느 날, 죽음의 부름을 받고
죽음의 여행길에 오른 '에브리맨'은
평소 친교가 있는 친구들과
동행하고 싶어 합니다.
하지만 그것이 불가능함을 보여주죠.
결국 다 떠난다는 것을 말할 뿐…
그 누구도 죽음의 길을
함께 걸어주진 못합니다.

저는 이 연극을 보면서

인생에서 죽음이란

얼마나 무섭고 두려운 것인가를

생각해 보게 되었습니다.

사람들은 죽음의 문제에 대해 일부러 회피하고

도망갈 수 있을 것처럼 살아갑니다.

하지만 죽음은 누구나 부딪히게 되는 실존입니다.

죽음은 우리의 모든 것을 다 끊고 헤어지게 하며

모든 것을 소멸되게 합니다.


죽음의 여행길...

결국은 혼자서 가야 하는 길입니다.

이 땅에서 그 누구도

이 길을 함께 걸어줄 수 없습니다.

그러기에 인간은

죽음의 시간을 통해서만 참회하고

자신의 삶을 다시금 직시하게 됩니다.

그래서 결국 우리는  하나님을 찾아야 합니다.
우리에게 영원한 생명을 주시는 유일한 분,
그리스도만이 우리 인생의 답이 됩니다.

예수께서 이르시되

나는 부활이요 생명이니

나를 믿는 자는 죽어도 살겠고

무릇 살아서 나를 믿는 자는

영원히 죽지 아니하리니

이것을 네가 믿느냐

이르되 주여 그러하외다 주는 그리스도시오

세상에 오시는 하나님의 아들이신 줄 내가 믿나이다

_요한복음 11:25~27

# 『산둥 수용소』이야기

하버드를 졸업하고

중국 연경대학에서 잠시 가르치던

랭던 길키(Langdon Gilkey, 1919~2004)는

『산둥 수용소』(새물결플러스)라는 작품을 통해,

1943~1945년까지 중국 북부 지역에 있던

민간인 포로수용소의 이야기를 소개합니다.

이 책에서 저자는 평소 대단한 사람,

교양이 있고 착해 보이는 사람들도

수용소 안에서 막상 매우 특별한 불편과

고통을 겪게 될 때는

결국 인간으로서의 실존을 드러내며

의외로 이기적이고

험악한 모습으로 변한다고 고발합니다.

20세기에 들어오면서 사람들은

눈부신 물질문명의 발전으로

잔뜩 교만해졌습니다.

그러나 제1차 세계대전(1914~1918)과

제2차 세계대전(1939~1945)을 겪으면서

모든 것은 물거품처럼 사라지게 되었습니다.

스스로 유토피아, 천국을 만들고

더 이상 하나님은 필요가 없다는 식으로 말하던 인류는

바벨탑처럼 한순간에 무너지는 현실 앞에

처절하게 무릎을 꿇게 되었죠.


지금도 마찬가지입니다.

우리는 오늘날 코로나19로 인해

무능(無能), 무지(無知)의 숲을 헤매고 있습니다.

이제는 조용히 겸손하게 주님 앞에 나아가

두 손을 들고 은혜 주시길 간구해야 할 때입니다.

예나 지금이나 앞으로나

우리는 늘 동일한 수준에서

하나님 앞에 엎드려야 할 존재들입니다.

그동안 당신이 교만했던 것들을

주님께 모두 고백해 보세요.

# 십자가 앞에서

사람들은 십자가를 금이나 보석으로 만들고,
혹 나무나 돌로 만들어도
최대한 멋지게 만들려고 합니다.
그리고는 그 옆에서 멋스러움을 누리려고 하죠.
이처럼 오늘날에는 십자가가 장식품이나 장신구로
아주 화려하고 다양하게 사용됩니다.

언젠가 저는 특이한 십자가를 보았습니다.
유난히 뒤틀린 나무로 만든,
너무도 많이 찌그러지고 못난 십자가를 말입니다.
어떤 것은 가시가 잔뜩 붙어 있기도 하고,
어떤 것은 붉은 핏자국이 있기도 합니다.
솔직히 그 십자가는 보기에도 너무나 부담스러웠죠.
사양하고 싶은 십자가였습니다.

그런데 십자가는 본래 그런 것이 아닐까요?
예수님은 처절한 십자가를 짊어지고
무거운 발걸음을 옮기셨는데...
우리는 십자가의 화려함만 쫓는 건 아닌지
깊이 고민해 봐야 합니다.
고난의 십자가 앞에서.

예수께서 제자들에게 이르시되

누구든지 나를 따라오려거든

자기를 부인하고 자기 십자가를 지고

나를 따를 것이니라

_마태복음 16:24

# 순천의 기독교 이야기

오래전, 호남 지역 교회사 유적지를
홀로 돌아보던 중 순천(順天)에 가게 되었습니다.
이 지역은 1905년을 전후하여 복음이 전래되었는데,
초기에 미국 남 장로교 소속 선교사
오웬(C. C. Owen, 오기원)이 활동했던 곳입니다.

오웬 선교사는 목사이자 의사로,
목포와 순천 등지에서 선교하였습니다.
그러다가 5년째인 1909년에 안타깝게도
과로로 인한 급성 폐렴으로 세상을 떠납니다.
그러나 그의 사역은 멈춰지지 않았습니다.
프레스톤(J. F. Preston, 변요한) 등 선교사들에게 계승되고,
이후 순천의 교회들은 매우 놀라운 속도로 성장하여
오늘날 34%의 복음화를 자랑합니다.

저는 매산중학교, 매산여자고등학교,
순천기독교역사박물관, 순천기독진료소 등을
돌아보면서 마음이 한없이 뜨거워졌습니다.
역사적인 장소들을 찾아다니면서 사진 찍고,
당시 건물들을 손으로 직접 만져보면서
저는 큰 감동을 받았습니다.
외딴 그곳에서 묵묵히 사역의 꽃을 피운,
단 한 번의 인생을 그곳에 전부 다 쏟아부은
선교사님들의 뜨거운 열정이
저에게 고스란히 전해지는 것 같았습니다.


복음 전파의 문이 막힌 냉랭한 이 시대 속에서도
선교사님들의 심정으로 복음의 씨를 눈물로 뿌리다 보면
언젠가는 이 땅이 다시금 주님께 돌아올
기적이 있으리라 믿습니다.
한반도가 복음의 금수강산(錦繡江山)으로 변화되길
간절히 기대하고 기도하며 소망합니다.

한반도 복음화를 위한
기도 제목을 적어보세요.

1.
......................................................................................

......................................................................................

2.
......................................................................................

......................................................................................

3.
......................................................................................

......................................................................................

# 온 에어

저는 「인간극장」을 매우 좋아합니다.
진솔한 사람들의 이야기가 소개될 때마다
그들의 다양하고 독특한 삶의 스토리가
제 삶의 경험의 폭을 넓혀주기 때문입니다.
뿐만 아니라 각각의 정겨운 이야기가
그 어떤 시인이나 소설가의 말보다도
따뜻한 온기로 느껴지기 때문입니다.

그런데 저는 「인간극장」을 보면서
한 가지 궁금함이 있습니다.
분명 촬영을 위해 누군가가 카메라를 들고
지금 그들 앞에 서 있을 것이 분명한데,
그것을 전혀 의식하지 않고 천연덕스럽게
연기를 하듯 일상을 산다는 것입니다.

때로는 다투고,

때로는 서로 미워하며,

심지어 토라지고 분노하는 모습들까지.

이 리얼한 모습들이 고스란히 화면에 담깁니다.

뿐만 아니라 정말 아무도 없는 것처럼

사랑의 눈빛, 감격,

진정한 위로와 격려의 모습도

꾸밈없이 그대로 카메라에 모두 담깁니다.


이처럼 우리도 항상 하나님의 시선을

피할 수가 없습니다.

하나님은 내가 집에서 쉴 때도 보고 계시고,

밖에서 일할 때도 보고 계시며,

내가 누군가와 이야기하면 다 듣고 계시고,

혼자서 은밀한 무엇을 할 때도 다 보고 계십니다.

그런데도 우리는 언제부터인가

그것을 다 잊어버리고 살아갑니다.

"그리스도는 이 집의 주인이시오.

식사 때마다 보이지 않는 손님이시오.

모든 대화에 말없이 듣는 이시라."

하나님을 의식하고 살겠습니다.

지금도 촬영 중입니다.

온 에어...

주는 그리스도시오

살아 계신 하나님의 아들이시니이다

_마태복음 16:16

# 날마다 주시는 은혜

하나님은 그동안 나를 향해 묵묵히,
그리고 선하고 풍성하게 베풀어주셨습니다.
마치 내가 완벽하게 의롭고 무흠한 것처럼.
그것을 생각하니 마음이 뭉클합니다.
가난한 나를 날마다 부요케 하시는
주님의 그 크신 사랑이...

저는 밤마다 후회와 아쉬움이 많습니다.
그때그때 부족했던 면이 떠오르기 때문입니다.
그러나 이내 다시금 생각하는 것은,
그런 나를 이 정도로 마무리하게 해주신 것이
크나큰 은혜라고 생각하기에
감사로 결론을 맺습니다.

그렇게 자고 나서 저는
아침에 새로운 도화지를 받습니다.
또 하루를 살아보라고 아무런 때도 묻지 않은
말끔한 백색의 도화지를 건네주시는
하나님의 사랑에 뭉클한 감사로
다시금 하루를 시작합니다.

주님 다시 뵐 때까지...
이러한 사랑이 늘 저에게 있을 것을 알기에
오늘도 힘껏 세상을 향해서 나아갑니다.

감사 제목을 적어보세요.

1.
   ......................................................................................................

   ......................................................................................................

2.
   ......................................................................................................

   ......................................................................................................

3.
   ......................................................................................................

   ......................................................................................................

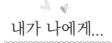

# 내가 나에게...

하나님을 인격적으로 만났던 때(영접했던 때)를 생각하며
그때의 감격(감동)을 하나님께 드리는 편지로 적어보세요.

---

I to myself

# 8부

# 슬기로운 교회생활

# 신앙생활은 고행이 아닙니다

때론 신앙생활이 우리에게
의지적이고 계획적인 부분이 있어서
고행처럼 보인다고 생각합니다.
무엇을 해야 하고,
무엇을 하지 말아야 하고...

그러나 우리는 기본적으로 죄성을 갖고 태어나서
그냥 내버려 두면 망가질 수 있다는 것을 염두에 둔다면,
이런 일정한 계획은 필요하다고 생각합니다.
이것으로 하나님과 사람들 앞에서 우쭐하면
문제가 되겠습니다만,
때론 다소 힘들고 번거로움이 있더라도
자기를 추스르는 규칙과 의지적인 노력은
평생 필수라고 생각합니다.

하지만 기본적으로 신앙생활은
즐거움이 더 많다고 생각합니다.
이 땅에서 하나님을 알고, 더 알아가며,
더 풍성한 삶으로 나아가는 것은
매우 즐거운 일입니다.

새벽에 일어나서 기도하고,
주일예배나 수요예배를 드리며,
교회의 여러 모임에 참여해서
배우고 누리며 섬기는 과정은
정말 수행에 정진하듯 고행을 하는 것이 아니라
파티에 참여하는 듯한 설렘의 순간입니다.
이 모든 것은 나를 추스르는 틀이 되기도 하지만,
나의 기쁨이 되는 일들입니다.

오늘도 하나님께 나아갈 때
너무 즐겁습니다.

너무 과분합니다.
제가 감히 하나님께 나아가 기도하고
그 은혜를 받을 수 있다니...

어제의 일들에 대해서 말씀드리고,
오늘의 일들에 대해서 말씀드리며,
요즘의 고민과 부끄러움,
그리고 우리 공동체와 관련한 여러 일들에 대해서
함께 마음을 모아 기도하는데
어떻게 기쁘지 않을 수 있겠습니까!

하나님을 믿는 것은 고행이 아니라
가슴 벅찬 즐거운 일입니다.

신앙생활의 기쁨을 적어보세요.

........................................................................................

........................................................................................

........................................................................................

........................................................................................

........................................................................................

........................................................................................

........................................................................................

........................................................................................

........................................................................................

# 너무 약해서 기도합니다

교회는 하루아침에 부흥하지도,
성장하지도 않습니다.
개개인의 신앙도 하루아침에
성장하지 않습니다.
오직 지속적인 기도의 시간을 통해서만
한층 더 나은 단계로 도약할 수 있습니다.

실제로 기도하면 위로해 주시는 하나님,
능력을 주시는 하나님을 만나게 됩니다.
지금은 약해서 기도를 할 수 없다고
말씀하시는 분들이 종종 있습니다.
저는 약할수록 더 많이 기도하셔야 한다고,
그래야 강해진다고 말씀드리고 싶습니다.

은혜는 우리가 만들 수 없습니다.
고도의 전략이나 특급 작전처럼
기획할 수도 없습니다.
전적으로 하나님께서 위에서부터 부어주셔야
가능한 것입니다.

"너무 약해서 기도합니다!"
우리 모두 이러한 마음으로
은혜를 사모하길 기도합니다.

매일 기도할 시간과 장소를 정해보세요.

# 일꾼의 기쁨

우리는 일찍이 세상에서
수많은 '평가'를 받으며 살아왔습니다.
그런데 평가는 흔히 '칭찬' 혹은 '비난'으로
극명하게 갈리곤 합니다.
그래서 대부분의 평가는 우리에게
끊임없는 스트레스와 과도한 경쟁으로
남들 앞에서 눈치를 보게 하고
우월감, 열등감, 비교의식 등을 갖게 합니다.
대부분의 사람들은 열심히 일하면서도
한편으론 늘 조바심과 초조함으로 불안해합니다.

교회 안에서도 우리는
일꾼으로서의 책임감을 가지고 이럴 수 있습니다.
주님은 제자들에게 사역을 가르치시면서

일의 성과보다는
'우리의 이름이 하늘에 기록된 것'으로
기뻐하라고 당부하셨습니다.
그런데도 만일 우리가 사역의 현장에서
실적, 성공, 인기 등을 가지고 기뻐하려고 하면
어쩔 수 없이 늘 흔들리게 됩니다.
여러 복합적인 요인들이
서로 얽혀있는 사역의 현장에서
매번 새로운 불안과 아쉬운 실패담을
쏟아낼 것입니다.

그래서 우리는 일을 마치고 나서
이제 그 일의 결과는 주님께 다 맡기고
대신에 내 이름이
천국의 생명책에 기록된 것을 놓고
더 골몰해야 합니다.
구원받은 은혜를 더 묵상해야 합니다.

그러면 늘 기쁩니다.

왜냐하면 이것은 절대로 바뀌지 않기 때문입니다.

평가로 인한 칭찬을 사역의 연료로 삼지 말고,

지금 내 이름이 생명책에 기록된 것으로

늘 기뻐하며 일하는 일꾼이 되고 싶습니다.

사역의 기쁨을 적어보세요.

# 층간 소음 에피소드

저는 아파트 12층에 살고 있습니다.
그런데 얼마 전에 바로 위인 13층에
새로운 이웃이 이사를 왔죠.
그전에는 빈집처럼
워낙 조용했던 이웃이 살았던 터라 그런지
말로만 듣던 '층간 소음'으로 인한 불편함을
이번에 처음 느끼게 되었습니다.

어린아이들이 마구 뛰어다니는 소리,
드릴로 구멍을 뚫는 소리,
무거운 물건들을 끄는 진동까지 느껴졌습니다.
그것도 잠깐이 아니라 꽤 오랜 시간...
낮도 아닌 밤에...
조금은 '너무 한 것 아닌가?'라는 생각도 들었습니다.

이런 일을 겪으면서

바로 아래인 11층을 생각하게 되었습니다.

우리도 그들에게 때론

이러한 불편함을 줄 수 있겠다는

생각이 들었습니다.

무심코 성큼성큼 걸어 다니며

굉음을 내지 않았는지,

부주의로 물건을 떨어뜨리거나

무리해서 끌지 않았는지,

현관 철문을 시끄럽게 닫지는 않았는지,

밤이나 새벽에 이웃의 숙면을 방해한 일은 없었는지...


앞으로 위층의 소음에 대해서는

둔감하기로 했습니다.

못 들은 것처럼,

때론 가볍게 천둥소리나 빗소리처럼

듣기로 했습니다.

'사람 사는 세상 다 그렇지!'라고
생각하면서 말입니다.
대신 아래층을 생각하면서는
민감하기로 했습니다.
우리로 인해 그들이
불편하지 않도록 말입니다.

이처럼 '둔감함'과 '민감함'의 대상은
분명 다릅니다.
우리는 날마다
이 둔감함과 민감함의 대상이
서로 바뀌지 않도록
매일 기도해야 하지 않을까요?

하나님과 나와의 관계에 있어서

둔감해야 할 것과 민감해야 할 것을 각각 적어보세요.

| | |
|---|---|
| **둔감해야 할 것** | |
| | |
| | |
| | |
| | |
| **민감해야 할 것** | |
| | |
| | |
| | |
| | |

# 체중계 이야기

얼마 전,
뉴스에서 해외토픽을 보면서
국가대표급 사이클 선수가
제자리에서 자전거 페달을 돌려서
전기 만드는 것을 보았습니다.
그런데 정말 고생을 다 하면서 힘들게 노력했지만,
고작 토스트 하나 구워 먹는 것을 보았습니다.

이것은 전기가 그만큼 소중하다는 의미도 있지만,
한편으로 우리가 운동하는 것에 비해
그 결과는 생각보다 미약하다는 것도 보여줍니다.
고생을 그렇게 많이 해도 기껏 토스트 하나 굽듯
좀처럼 체중은 당장 별로 줄지 않습니다.

다이어트는 결코 쉽지 않습니다.

나름 음식을 절제하고

운동을 많이 했다고 해도

체중계에 올라서면 별로 효과가 없습니다.

그래서 날마다 체중을 재는 것에 대해

반대론자들은 이렇게 함으로 오히려

역효과가 있다고 합니다.

괜히 성격만 예민해지며

의욕이 없어진다고요.


그러나 결론은 매일 재면서

자신의 삶을 돌아보는 것이 필요합니다.

어제의 과식, 느슨함에 대해서 돌아보고

새로운 날은 거기에 맞게

설계할 수 있기 때문입니다.

비단 몸무게뿐만이 아닙니다.

우리는 늘 영적으로도 긴장해야 합니다.

새벽마다 영적으로 나의 상태를 돌아보고,

오늘도 말씀과 기도로 받은 은혜 중

새로운 모습으로

하나님 앞에 나아가는 자세가 필요합니다.


매일 긴장하고,

매일 이겨가는

이런 작고 귀여운 승부가

매일 반복되는 인생입니다.

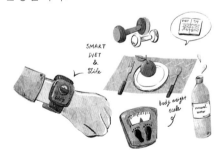

당신은 영성 관리를 어떻게 하고 있나요?

| | |
|---|---|
| 말씀생활 | |
| 기도생활 | |
| 예배생활 | |

# 말년 병장

군대에서는 '말년 병장'이라는 말이 있습니다.
제대가 얼마 남지 않은
군인들을 가리키는 말입니다.
말년 병장이 되면
군대가 익숙하여 편안해집니다.
그러다보니 자신도 모르게
느슨하고 풀어지게 되죠.
열정도, 의욕도 없고 만사가 귀찮게 됩니다.

교회 안에도 말년 병장과 같은 분이 있습니다.
공동체 안에서 충분히 적응되면,
봉사도 하고 직분도 맡게 되면
누구나 자연스럽게 말년 병장과 같이 됩니다.
그러면 우리에게 어떤 일들이 벌어질까요?

자칫 복음에 대한 순수함이

사라지게 됩니다.

영혼에 대한 사랑이 식어집니다.

천국에 대한 소망은 물론,

주님이 주시는 영광에 대한

기대감까지 없어집니다.

대신에 인간적인 냄새가 풍길 수 있습니다.

자존심, 체면이 고개를 들 수 있습니다.

대접받으려는 마음이 생길 수 있습니다.

그러면 안 되는데 말입니다.


우리는 교회생활을 하면서

늘 말년 병장이 되지 않도록 조심해야 합니다.

영적 완숙함을 유지하면서도

늘 자신이 제일 낮은 사람인 것처럼,

먼저 섬기려고 하는 '이등병'이 되어야 합니다.

이것이 슬기로운 교회생활입니다.

변질된 신앙생활의 모습을 적어보세요.

........................................................................

........................................................................

........................................................................

........................................................................

........................................................................

........................................................................

........................................................................

........................................................................

# 이상한 믿음

우리는 신앙생활을 하면서
자꾸만 자신에 대해서는 부정하게 되고,
하나님에 대해서만 긍정하게 되나 봅니다.
그래서 우리는 '무엇도 하지 못하고,
무엇도 하지 못하고...'라고 생각하며
모든 것을 하나님께만 의지하고 매달립니다.
그러다가 보면 때로는 은혜로 사는 것을 알게 되고
겸손해지는 특권이 있으나,
때로는 게으름이 습관이 될 수도 있습니다.

별로 노력하지 않고 관심을 기울이지 않고
솔직히 별로 기도하지도 않으면
그냥 막연하게 잘 될 것 같은 마음,
별 탈이 없을 것 같은 마음,

설마 무슨 일이 생길까에 대한
안일함이 생겨납니다.
아무 일도 하지 않으면서
그냥 마음만 편안해지는 쪽으로 가게 되면
이제 우리의 몫을 놓치게 됩니다.
지나친 긍정적 사고는 삶의 진지함,
다양한 문제들을 간과하게 되고,
무엇보다 늘 미진한 삶을 개선하지 않는
악습(惡習)에 빠지게 됩니다.

하나님을 믿는다고 해서
내가 할 일을 하지 않는 것은 비성경적입니다.
열심히 몸부림을 치고 최선을 다해서
부족할 수밖에 없는 인생임을 인정하고
결국 그러면서도 겸손하게 은혜를 붙잡는 것이지
의도적으로 아무 일도 하지 않는 것이
은혜 중심의 삶이라고는 볼 수 없습니다.

그래서 오늘도 하나님을 정말 믿기에
내가 할 일을 수고의 땀을 흘리면서
감당하는 우리 모두가 되기를 바랍니다.

당신의 믿음을 점검해 보세요.

# 내가 나에게...

베드로의 신앙고백처럼...
나의 신앙고백을 적어보세요.

I to myself

그래도...
하나님밖에 없어요